Dieter Buck
Melanie Buck

10.000 Schritte für zwischendurch in und um Stuttgart

Kurze und erlebnisreiche Touren fürs Wohlbefinden

J. BERG

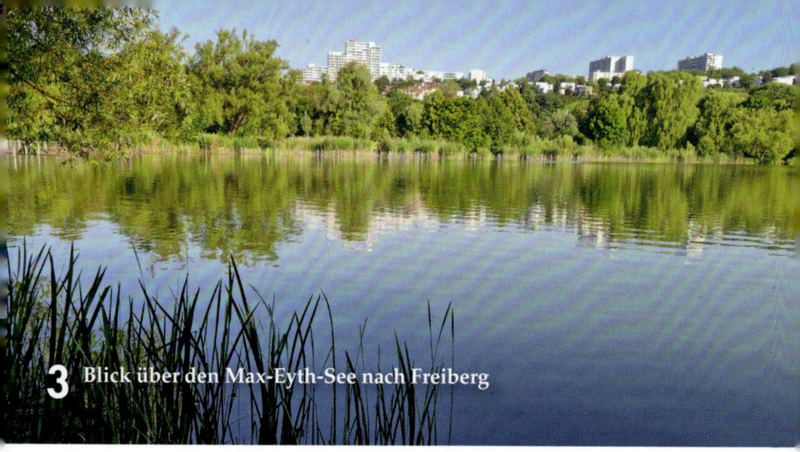

Inhalt

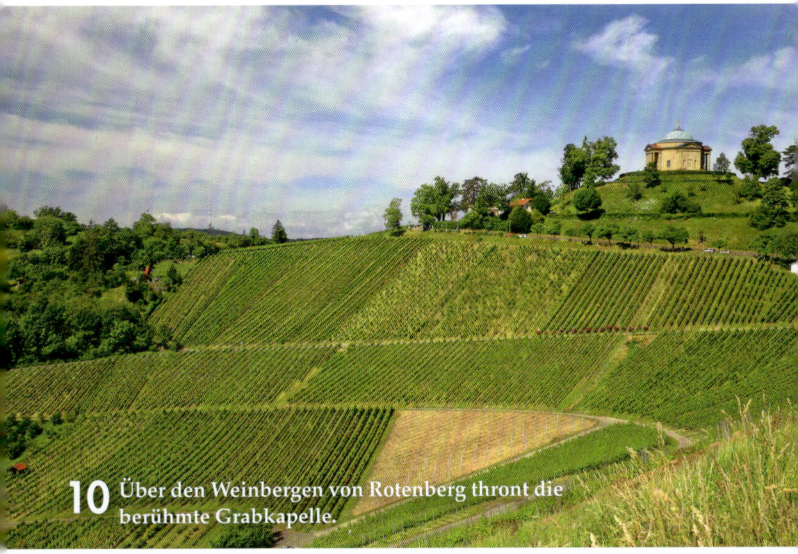

10 Über den Weinbergen von Rotenberg thront die berühmte Grabkapelle.

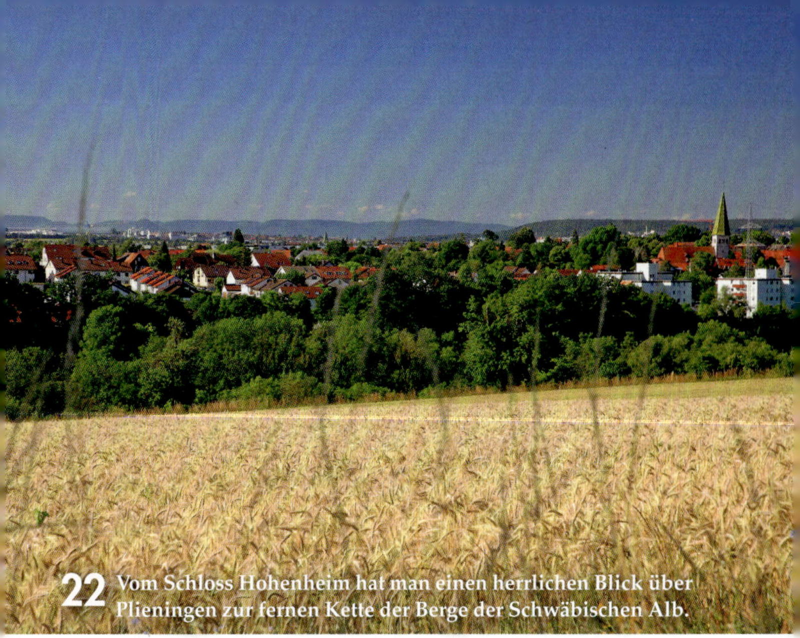

22 Vom Schloss Hohenheim hat man einen herrlichen Blick über Plieningen zur fernen Kette der Berge der Schwäbischen Alb.

Tourenüberblick

Tour			Länge in km	Höhenunterschied in m	Gehzeit in Std.	Einkehr	kindergeeignet	kinderwagengeeignet	Sehenswürdigkeit	wintergeeignet	viel Sonne	eher schattig	öffentliche Verkehrsmittel
1	Leicht	Auf dem Zazenhäuser Brunnenrundweg	5,3	90	1.30	•	•	•	•	•	•		•
2	Leicht	Von Mühlhausen nach Freiberg	4,9	110	1.20	•	•	•	•	•	•		•
3	Mittel	Vom Max-Eyth-See nach Freiberg	6,6	130	2	•	•	•		•	•		•
4	Leicht	Fellbacher Besinnungsweg	6,2	50	1.30	•	•	•	•	•	•		•
5	Leicht	Von Zuffenhausen nach Korntal	5,2	100	1.30	•	•				•	•	•
6	Leicht	Von Sommerrain nach Mühlhausen	5,9	50	1.40	•	•			•	•		•
7	Mittel	Feuerbacher Wald- und Weinbergrunde	6,9	120	2		•			•	•	•	•
8	Leicht	Durch die Fellbacher Weinberge	6,7	75	1.45	•	•	•		•	•		•
9	Mittel	Von Stetten nach Endersbach	7	80	1.50	•	•	•	•	•	•		•
10	Leicht	Von Rotenberg zum Kappelberg	6,4	100	1.45	•	•	•	•	•	•		•
11	Mittel	Von Uhlbach nach Rotenberg	6,4	190	1.50	•	•	•	•	•	•		•
12	Leicht	Vom Schloss Solitude nach Weilimdorf	6,5	20	1.45	•	•		•	•	•	•	•
13	Mittel	Über die Solitude zum Bärenschlössle	9,3	60	2.30	•	•	•	•	•		•	•
14	Leicht	Vom Krummbachtal in den Wald	3	60	1	•	•	•	•	•		•	•
15	Leicht	Auf dem Saufangweg	5,1	60	1.20		•	•		•		•	•
16	Mittel	Zwischen Birkenkopf und Bärenschlössle	9.2	70	2.20	•	•	•	•	•		•	•

● Leicht
● Mittel
● Schwer

Länge in km
Höhenunterschied in m
Gehzeit in Std.

Einkehr
kindergeeignet
kinderwagengeeignet
Sehenswürdigkeit

wintergeeignet
viel Sonne
eher schattig
öffentliche Verkehrsmittel

Tour			km	Hm	🕒	🍴	☺	👶	🏛	❄	☼	🌳	🚌
17	🔵	Vom Birkenkopf zur Karlshöhe	6	30	1.40	•	•		•	•		•	•
18	🔵	Von der Geroksruhe zum Waldfriedhof	7	40	2		•	•	•	•		•	•
19	🔴	Vom Frauenkopf nach Wangen	6,3	100	1.45	•	•			•	•	•	•
20	🔴	Durch die Hedelfinger Weinberge	7,5	180	2.15	•	•	(•)		•	•		•
21	🔴	Von Degerloch nach Hohenheim	9,2	90	2.20	•	•	•	•	•	•	•	•
22	🔵	Vom Fernsehturm nach Hohenheim	7,6	40	2	•	•	•	•	•	•	•	•
23	🔵	Von Büsnau zur Blutbuche	6,6	50	1.40		•	•		•		•	•
24	🔵	Vom Katzenbachsee zum Steinbachsee	6,9	60	1.45	•	•	•		(•)		•	•
25	🔵	Rund um Büsnau	6,5	110	1.45		•			•		•	•
26	🔴	Vom Hölzersee nach Magstadt	7,8	110	2	•	•			•		•	•
27	🔴	Vom Buchrainfriedhof zum Katzenbacher Hof	7,2	110	2	•	•			•		•	•
28	🔵	Von Möhringen nach Kaltental	5,5	0	1.30		•	•		•	•	•	•
29	🔵	Von Möhringen zum Fasanenhof	7,1	60	1.50	•	•	•		•	•		•
30	🔵	Von Hohenheim zum Scharnhauser Park	6,6	80	1.45	•	•		•	•	•		•
31	🔴	Von Weil der Stadt durchs Würmtal	10	100	2.40	•	•	•	•	•	•		•
32	🔵	Vom Wasserturm zum Forsthof	4,6	60	1.10		•	•	•	•		•	•
33	🔴	Von der Mäulesmühle zum Seerosensee	7,2	120	2	•	•		•	•	•	•	•
34	🔵	Über die Fildern auf die Höhe	6,4	70	1.45	•	•	•	•	•	•		•
35	🔴	Von Waldenbuch in den Schönbuch	9	160	2.30	•	•	•		•	•	•	•

Vorwort

Liebe Leserinnen, liebe Leser,

10 000 Schritte wandern, und das jeden Tag. Das soll gesund sein, liest man, sogar von der WHO empfohlen. Es empfiehlt sich sicher nicht in jeder Stadt, aber in Stuttgart, der »Großstadt zwischen Wald und Reben«, geht dies wunderbar.
So wurde Stuttgart nämlich früher genannt, heute liest man dies kaum noch … Obwohl es immer noch stimmt. Stuttgart ist eine grüne Stadt, und so verlaufen viele Touren dieses Buches durch die weiten Waldgebiete, andere wiederum durch Weinberge, stets im Stadtbereich gelegen. Manche verbinden sogar diese beiden so unterschiedlichen Landschaften. Zudem sind einige Touren in den benachbarten Gebieten wie dem Schönbuch oder dem Remstal in diesem Buch enthalten.

Wo ist es in welcher Jahreszeit am schönsten?

Wald hat den Vorteil, dass hier Wanderungen ganzjährig schön sind: Im Frühjahr bezaubert das lichte Grün nach dem farblich doch eher sparsamen Winter, im Sommer ist man um den Schatten der Bäume froh, im Herbst wandert man durch ein Furioso an leuchtenden Farben und im Winter kann man die bizarren Formen mancher Bäume bestaunen, die jetzt erst so recht zur Geltung kommen. Wanderungen durch Weinberge haben im Herbst ihre große Zeit, denn dann ist das Laub wie im Wald leuchtend bunt gefärbt. Im Sommer sind die Weinberge zwar stark der Sonne ausgesetzt, aber durch ihr sattes Grün bieten sie auch ein schönes Landschaftsbild. Ganzjährig erfreuen kann man sich einerseits an den Aussichten,

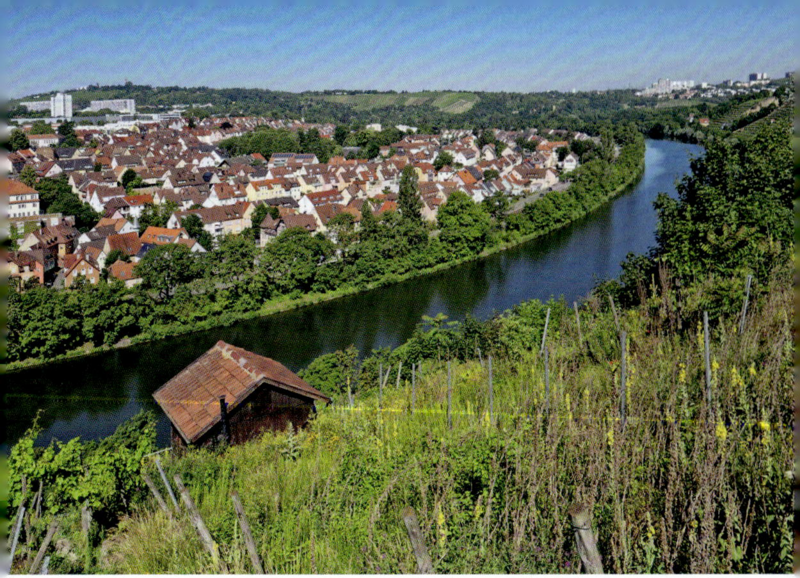

Auf dem Weg zum Max-Eyth-See: Blick über den Neckar

die man von der freien Weinberglandschaft immer wieder hat, andererseits an den recht urigen Formen alter beschnittener Weinstöcke. Wiesen, Heiden und andere Landschaftselemente findet man in Stuttgart dagegen kaum.

Achtsamkeit unterwegs

Die beschriebenen Touren sind recht kurz – 10 000 Schritte bedeuten je nach Schrittlänge zwischen sieben und acht Kilometern. Das »packt« man in rund zwei Stunden und ist eine Sache, die man fast jeden Tag machen kann. Aber wie soll man diese 10 000 Schritte eigentlich zurücklegen? Im Sinne dieses Buches muss man sie nicht wandern, nicht joggen und nicht walken: Man darf sie schlicht und einfach gehen. Der Mensch lernt das Gehen ab etwa einem Jahr, vergisst es aber manchmal fast, was man irgendwann einmal an der Gesundheit spürt. Achtsam gehen, das wäre ideal. Langsam, bewusst, mit allen Sinnen – es sei denn, man hält es eben mehr mit dem Trainings- und Fitnessaspekt.

Hat man Zeit, sollte man sie auch gut nützen, denn dann muss man nicht hektisch seine Kilometer absolvieren. Man kann die Natur in Ruhe genießen – wieder das Stichwort Achtsamkeit –, kann anhalten, tief durchatmen, Rinde, Blätter und Äste betasten … vieles von dem, was heute unter dem Begriff »Waldbaden« zusammengefasst wird, kann man hier anwenden. Wer sich mehr damit beschäftigen will, findet in dem von uns verfassten Führer »Waldpfade Stuttgart« aus demselben Verlag viele weitere Touren in den Wäldern sowie – wie auch in diesem Buch – extra Kapitel mit Anleitungen zum »Waldbaden«. Letztendlich handelt es sich dabei ja vor allem um Achtsamkeit im Wald: Es geht darum, den Wald mit allen Sinnen aufzunehmen. Glücklich ist der, der seine 10 000 Schritte in diesem Sinne gehen kann.

Tipp der Autoren

Normalerweise laden solch kurze Touren wie die in diesem Buch beschriebenen dazu ein, gemächlichen Schrittes einen erholsamen Spaziergang zu unternehmen. Unter dem Stichwort Achtsamkeit – auch in Verbindung mit dem hier im Buch ebenfalls beschriebenen Waldbaden – wird dies sogar empfohlen. Aus gesundheitlichen und Trainingsgründen ist es jedoch besser, auch mal flott unterwegs zu sein. Verausgaben will man sich aber auch nicht, es soll schließlich Spaß machen. Deshalb gilt als Maßstab: Die optimale Geschwindigkeit ist jene, bei der man sich nebenher noch gut unterhalten kann. Praktisch ist es natürlich, wenn man zügig gewanderte Abschnitte – vielleicht dort, wo die Landschaft eher langweilig ist – mit »Achtsamkeitsstrecken«, an denen sich die Natur zum Genießen mit allen Sinnen anbietet, abwechseln kann.

Es gibt aber auch wissenschaftliche Erkenntnisse dazu: Zwei aktuellen Studien zufolge ist auch die Geschwindigkeit für die gesundheitliche Wirkung maßgeblich. Bei Untersuchungen mit fast 80 000 Erwachsenen mit Fitness-Trackern stellte man fest, dass diejenigen mit der besseren Gesundheit auch jene waren, die schneller als die übrigen gingen. Ihr Risiko für Demenz, Krebs und Herz-Kreislauf-Erkrankungen und ihre Sterblichkeit waren geringer als bei Teilnehmern, die langsamer unterwegs waren. Die Ergebnisse der Untersuchungen legen nahe, dass die optimale Anzahl bei durchschnittlich 112 Schritten pro Minute bei insgesamt 30 Minuten pro Tag liegt. Die Schritte müssen aber nicht an einem Stück absolviert werden, es gilt auch, wenn sie über den Tag verteilt sind.

Noch ein Wort zu den 10 000 Schritten: Ob Sie nun 8000 oder 11 000 Schritte gehen, spielt keine große Rolle. Hauptsache, Sie gehen regelmäßig eine größere Strecke, optimalerweise täglich. Wer nun meint, dazu hätte er neben Beruf, Familie, Ehrenamt und Sonstigem keine Zeit, der rechnet am besten seine ohnehin im Tagesablauf gegangenen Distanzen zusammen: Oftmals hat man damit schon eine ganze Menge Schritte auf dem Konto. Und wenn man sich angewöhnt, vielleicht einen Teil seines Weges zur Arbeit künftig zu Fuß zurückzulegen und Treppen zu steigen, anstatt sie mit dem Lift oder der Rolltreppe zu umgehen, dann hat man schon viel gewonnen – auch wenn dies sicher kein vollwertiger Ersatz zum Gehen in der freien Natur ist.

Was dem Kenner unserer Wanderführer vielleicht auffällt: Während man bei Wanderführern normalerweise schaut, dass die Touren auf lauschigen, schmalen Naturpfaden verlaufen, die auch mal verwurzelt oder steindurchsetzt sein können, finden die in diesem Buch beschriebenen Touren eher auf breiten und bequem zu gehenden festen Wegen statt. Das ist dem Gedanken geschuldet, dass man – sofern man sich nicht gerade am achtsamen Langsamgehen probiert – beim 10 000-Schritte-Gehen optimalerweise stramm marschiert und der Fokus des Buches eher auf dem Gesundheits- und Trainingseffekt als auf dem Landschaftsgenuss liegt. Man kann die Touren – zumindest da, wo der Weg als »fest« beschrieben ist – auch mit Laufschuhen unternehmen und muss nicht unbedingt hohe Wanderstiefel tragen.

Wir wünschen Ihnen auf jeden Fall viel Zeit und Muße, viel Freude und Erfolg bei Ihren täglichen Schritten durchs Leben.

Dieter und Melanie Buck

Einleitung

10 000 Schritte – woher, weshalb, warum?

Die Empfehlung von 10 000 Schritten am Tag ist keine medizinische, auf wissenschaftlicher Basis beruhende »Dosis«, sondern kommt, wie so vieles, aus dem technikaffinen Japan. Dort hat man 1965 im Rahmen einer Marketingkampagne das Interesse an den Olympischen Spielen 1964 in Tokio aufgegriffen und die ersten Schrittzähler erfunden. Und um sich von der Konkurrenz abzusetzen, nannte die Firma Yamasa ihren Schrittzähler Manpo-Kei. »Man« bedeutet dabei 10 000, »Po« heißt Schritt und »Ke« Zähler. Damit wurde das Gerät dann beworben und diese Schrittzahl der Bevölkerung empfohlen: Diese Marketingidee war leicht zu merken und effektiv – Ärzte waren daran aber nicht beteiligt. Letztlich resultiert die Zahl 10 000 schlicht und ergreifend aus der Tatsache, dass das mechanische Gerät nur bis zu 10 000 Schritte anzeigen konnte und danach wieder von vorne begann.

Blick vom Zuckerberg über die Stadt mit dem Fernsehturm im Hintergrund

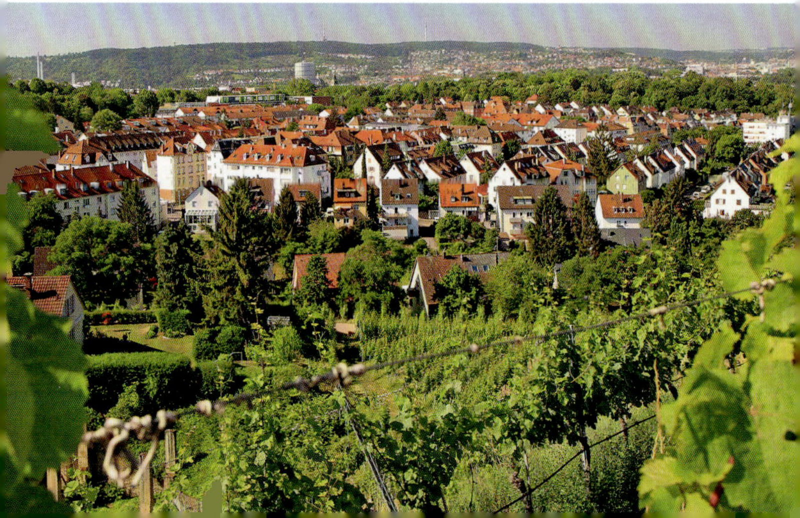

Wer geht wie viele Schritte?

Bei einer Studie der Stanford University im Jahr 2017, die den Zusammenhang zwischen Übergewicht und körperlicher Aktivität untersuchen sollte, wurden die täglichen Schrittzahlen von rund 720 000 Menschen aus 111 Ländern ausgewertet. In Deutschland gingen die Menschen demnach im Schnitt 5200 Schritte pro Tag, wogegen an der Spitze Hongkong lag, dessen Bewohner rund 7000 Schritte täglich unterwegs waren. International lag der Gesamtdurchschnitt bei 4900 Schritten am Tag.

Unterwegs mit dem ÖPNV

Auskunft über die Verkehrsverbindungen mit Bus und Bahn erhält man unter www.vvs.de oder www.efa-bw.de.

Wie viele Kilometer sind 10 000 Schritte?

10 000 Schritte sind etwa 6 bis 8,5 Kilometer. Größere Menschen legen aufgrund ihrer Schrittlänge auch mehr Zentimeter pro Schritt und damit mehr Kilometer pro 10 000 Schritte zurück.

Was empfehlen die Ärzte?

In einem ARD-Interview sagte Prof. Dr. med. Martin Halle von der TU München: »10 000 Schritte zu gehen ist ein super Basistraining. Damit kann ich gut abschätzen, ob ich gut unterwegs bin, mich ausreichend bewege. Aber als Training, das gezielt den Stoffwechsel anspricht, Herz und Gefäße gesund erhält, da gibt es für die 10 000 Schritte keine wissenschaftliche Evidenz …«
Ärztlich empfohlen wird jedoch nicht nur das Gehen. Jede Art von Sport und Bewegung ist gut und gesund, wobei am wirksamsten Ausdauersportarten wie strammes Gehen, Joggen, Schwimmen oder Radfahren sind. Man liest von Empfehlungen, pro Woche mindestens 150 Minuten moderat (hierzu zählen u. a. Gehen und Gymnastik) oder 75 Minuten intensiv körperlich aktiv zu sein. Eine Langzeitstudie mit über

100 000 Teilnehmern hat gezeigt, dass eine zwei- bis vierfache Quantität der empfohlenen körperlichen Aktivität sogar eine deutlich geringere Sterblichkeit bewirkt.

Bei einer 30 Jahre dauernden Studie kam man zu der Erkenntnis, dass bei Menschen, die im empfohlenen Maß körperlich aktiv waren, die allgemeine

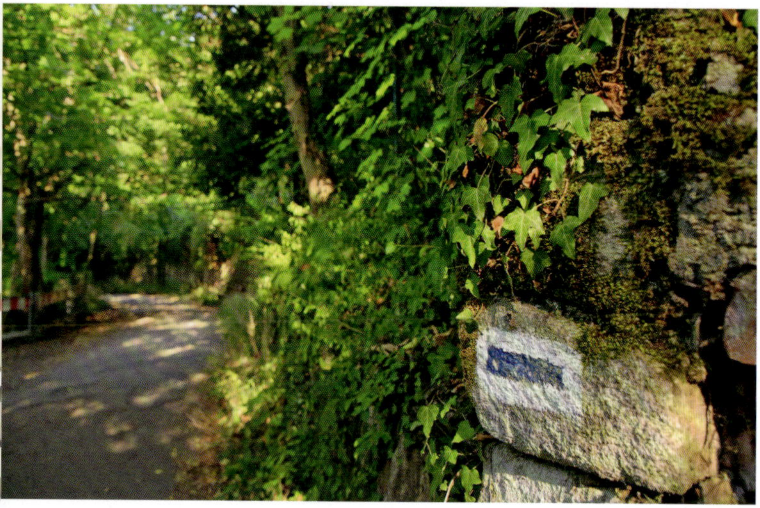

Das Wanderzeichen weist darauf hin: Hier wandert man auf dem Blauen Weg oberhalb von Heslach.

Sterblichkeit 19 Prozent niedriger lag als bei Personen, die weniger aktiv waren, und 31 Prozent weniger aufgrund von Herz-Kreislauf-Erkrankungen starben. Waren die untersuchten Personen doppelt bis vierfach so lange wie empfohlen – also 150 bis 300 Minuten – intensiv körperlich aktiv, minderte sich die allgemeine Sterblichkeit um 22 Prozent und die durch Herz-Kreislauf-Erkrankungen bedingte um 29 Prozent.

Für diejenigen, die sich mit regelmäßiger Bewegung schwertun, gibt es einen Tipp: Bei einer Auswertung von fast 400 Studien mit 164 000 Personen kam zutage, dass Fitness-Tracker, Schrittzähler und Smartwatches die Menschen zu mehr Bewegung animierten. Zum Beispiel gingen Personen mit Messgeräten jeden Tag etwa 1800 Schritte mehr.

Regelmäßige körperliche Aktivität hat aber noch andere Vorteile, zum Beispiel ein geringeres Risiko, an Diabetes Typ 2 zu erkranken. Eine Studie in

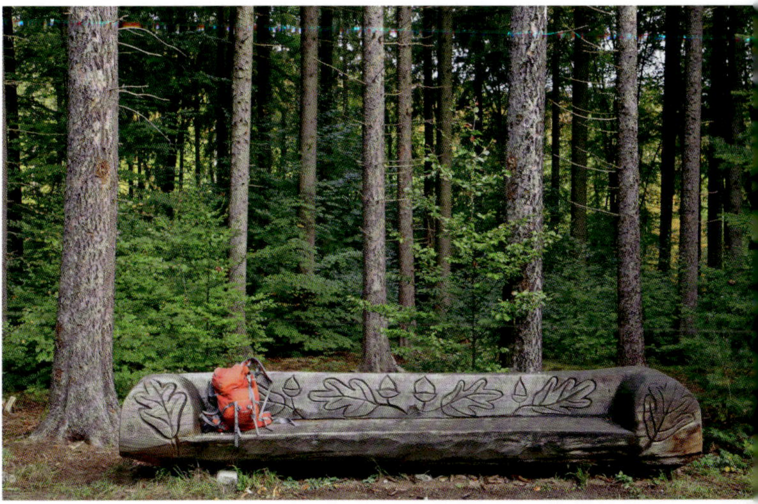

Muss auch sein: eine gemütliche Rast unterwegs

Schweden wies nach, dass dieses bei Teilnehmern, die 4500 Schritte oder mehr pro Tag gingen, um 50 Prozent geringer war als bei solchen, die sich weniger bewegten.

Wer bis jetzt noch nicht viel und regelmäßig gegangen ist, hat trotzdem noch Chancen, davon zu profitieren, denn nach einer italienischen Studie schützt Sport vor Herzerkrankungen auch dann noch, wenn man erst im höheren Alter damit beginnt. So fanden Forscher der Universität Padua bei einer Studie mit knapp 3100 Männern und Frauen über 65 Jahren, die bisher ein eher unaktives Leben geführt hatten, heraus, dass sportliche Aktivitäten mit täglich 20 Minuten Laufen, Wandern oder Radfahren das Risiko von Herzinfarkten, koronaren Herzkrankheiten und Herzversagen deutlich verringerten. Es ging bei Männern um 52 Prozent und bei Frauen um acht Prozent zurück – warum Bewegung bei Frauen auf das Herz weniger wirkt, ist unklar. Die allgemeine Sterblichkeit ging aber bei Frauen wie Männern gleichermaßen um rund ein Fünftel zurück.

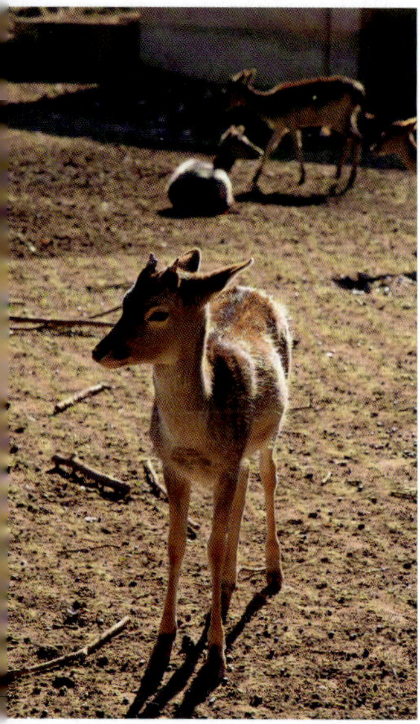

Nette Unterbrechung: eine Begegnung unterwegs

Für alle, die Mühe haben, jeden Tag 10 000 Schritte zu gehen, gibt es dennoch Entwarnung: Nach neueren Studien liegt die optimale Zahl etwas darunter – je nach Alter bei etwa 8000 Schritten pro Tag. Andere Studien wiederum reden gar von 15 000 Schritten. Zwei aktuelle Studien mit je rund 80 000 Personen zeigen, dass die Zahl der Schritte tatsächlich eine Rolle spielt: Bei je 2000 Schritten verringert sich das Risiko für einen frühzeitigen Tod um etwa elf Prozent. Bei einer der Studien wurde gegen Demenz ein Optimum von etwa 9800 Schritten täglich festgestellt, ab dieser Zahl halbiere sich demnach das Demenzrisiko. Laut einer Studie der SRH Hochschule für Gesundheit wird bei fünf Kilometern und anderthalb Stunden täglich Körperfett verbrannt und der Blutdruck gesenkt.

Aber egal, ob 15 000, 10 000, 8000 oder weniger – Hauptsache, man ist täglich in Bewegung. Außerdem ist ein entscheidender Faktor für die Gesundheit sowieso eher, die Zeit, die man im Sitzen verbringt, zu verringern. Und für besonders ehrgeizige Geher noch ein weiteres Forschungsergebnis: Mehr als 8000 oder

10 000 Schritte täglich haben keinen allzu großen zusätzlichen Effekt. Verschiedene Studien zeigten, dass zwischen 6000 und 10 000 Schritten ein Plateau entsteht, von dem aus eine Steigerung der Schrittzahl keine weiteren gesundheitlichen Vorteile bringt. Es müssen also nicht unbedingt 10 000 Schritte sein. Gerade ältere Menschen profitieren von der Bewegung schon bei geringerer Schrittzahl.

> **Weiterführende Infos**
>
> Wer mehr zum kulturellen Angebot, zu Sehenswürdigkeiten oder Freizeitangeboten in der Landeshauptstadt erfahren will, wird unter www.stuttgart.de fündig.

Was hat die WHO damit zu tun?

Manchmal bekommt man zu hören, dass die WHO, die Weltgesundheitsorganisation (World Health Organization), 10 000 Schritte täglich empfehle. Das stimmt aber so nicht, die WHO äußert ihre Empfehlungen für regelmäßige Aktivitäten in Form von Stunden pro Woche: Seit 2020 empfiehlt sie Erwachsenen 150 bis 300 Minuten moderate Ausdauerbelastung oder 75 bis 150 Minuten intensive körperliche Belastung.

Bewegung = Sauerstoff

Fitness-Papst und Autor Professor Dr. Ingo Froböse sagte in einem RTL-Interview, dass sich schon beim Spazierengehen der Sauerstoffgehalt im Gehirn um 30 Prozent erhöhe. Davon werde man frischer, das Immunsystem würde aktiviert und das Herz-Kreislauf-System stimuliert. Dadurch würden die Zellen im Körper versorgt. »Und das hält gesund«, so der Experte. Er empfiehlt, in jeder Stunde körperlicher Inaktivität für drei bis fünf Minuten die Herzfrequenz durch eine sportliche Tätigkeit zu animieren. Das geht oft im Büro ganz einfach: zum Beispiel, indem man einen Stock zu Fuß hinaufgeht. »Das Treppenhaus ist die beste Trainingsstätte des Alltags«, so Froböses Empfehlung.

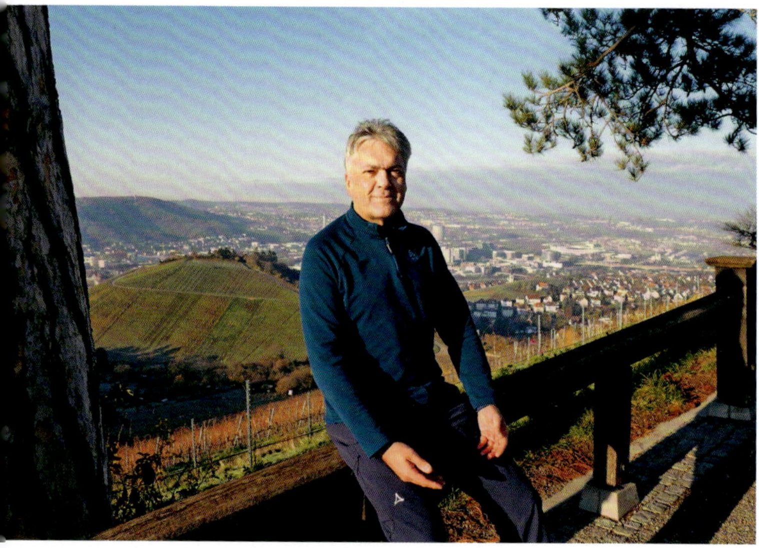

Dietrich Duncker (57) ist Diplom-Sportpädagoge und arbeitet als Sport- und Entspannungsexperte bei der AOK Stuttgart-Böblingen.

Das Ich im Blick

Gerade im Alltag sei es wichtig, auch auf die psychische Gesundheit zu achten, sagt AOK-Gesundheitsexperte Dietrich Duncker und erklärt, wie man mit »Achtsamkeit« innere Stärke erlangt.

Herr Duncker, was ist »Achtsamkeit«?

Achtsamkeit bedeutet, den Augenblick bewusst wahrzunehmen. Das schaffen wir, indem wir unsere Aufmerksamkeit auf den Augenblick lenken, ohne aber über das Wahrgenommene und Erlebte zu urteilen.

Was hat das mit dem psychischen Wohlbefinden zu tun?

Für dieses Interview bedanken wir uns bei der AOK Baden-Württemberg.

Mithilfe der Achtsamkeit können wir leichter im Hier und Jetzt sein und damit auch den Reichtum des Augenblicks genießen. Wir fokussieren das, was für uns wichtig ist, lernen, geduldig mit sich und anderen zu sein, um letztlich mit Stress und den Herausforderungen des Alltags besser umgehen zu können.

Wie kann man Achtsamkeit erlernen?

Mit dem AOK-Präventionsprogramm »Lebe Balance« können beispielsweise innere Ruhe und Gelassenheit trainiert werden – das stärkt unsere Resilienz und fördert die psychische Gesundheit. Einfache Übungen wie »Das Orchester der Welt« lassen sich leicht in den Alltag integrieren. Das klappt in der Mittagspause oder auch beim Wandern. Am besten ausprobieren und sich überraschen lassen, wie gut das funktioniert.

Lebe Balance

Das AOK-Programm zur Stärkung der psychischen Gesundheit gibt es als Kurs vor Ort, als Online-Training oder als Podcast mit zahlreichen Audioübungen. Alle Infos auf www.lebebalance.de/aok

Achtsamkeitsübung »Das Orchester der Welt«

Bei dieser Übung geht es darum, die Geräusche der Umgebung wahrzunehmen und bewusst dem »Orchester der Welt« zu lauschen. Setzen Sie sich dazu auf eine Bank und schließen Sie die Augen.

Nehmen Sie eine lockere Haltung ein und hören Sie intensiv auf die verschiedenen Geräusche um Sie herum: laute und leise Töne, Geräusche aus der Nähe und aus der Ferne. Hören Sie nur zu, ohne zu bewerten, ohne zu urteilen.

Kommen während der Übung Gedanken auf, die Sie ablenken, lassen Sie sie weiterziehen – wie Wolken am Sommerhimmel – und kehren Sie zu den Klängen des Augenblicks zurück.

(Dauer ca. 5 Minuten)

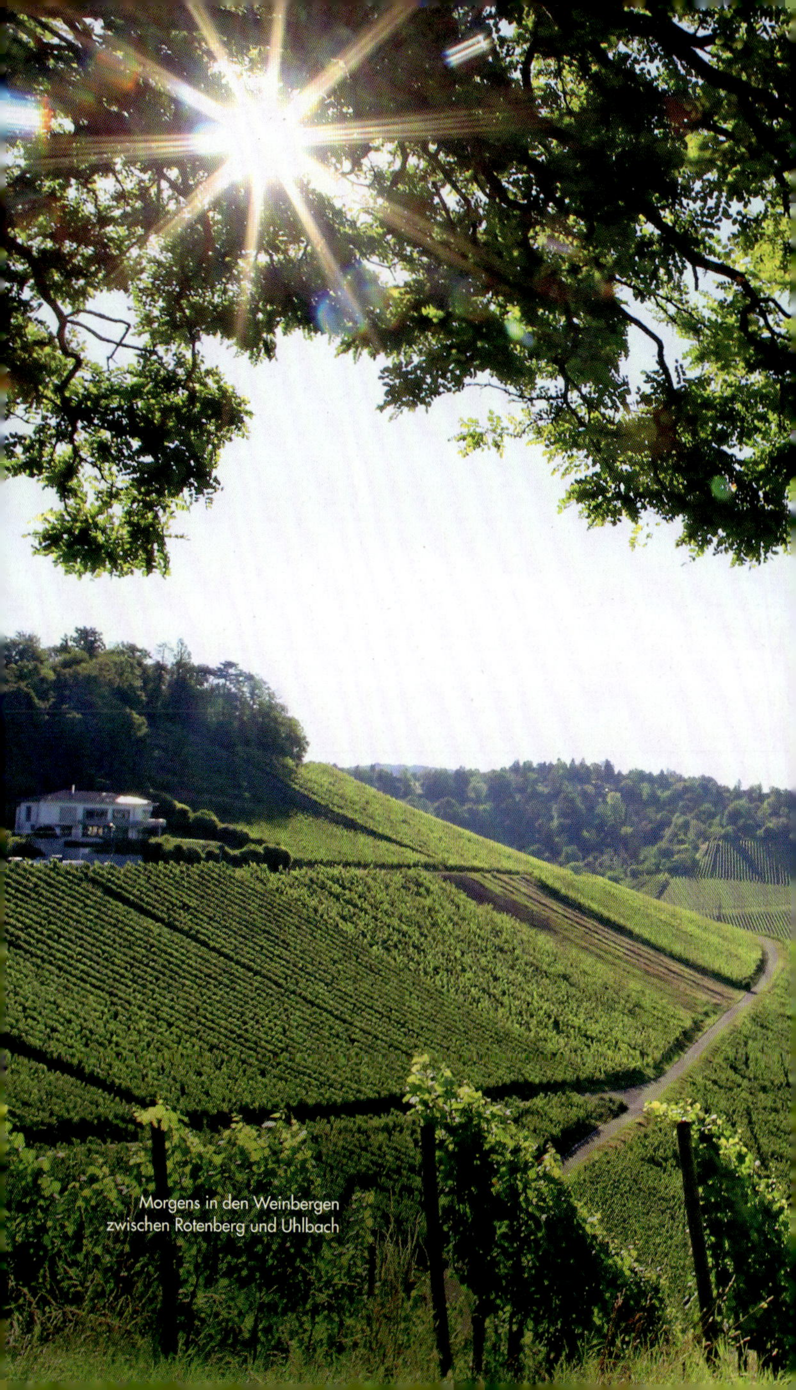

Morgens in den Weinbergen
zwischen Rotenberg und Uhlbach

Die Fitness-Touren

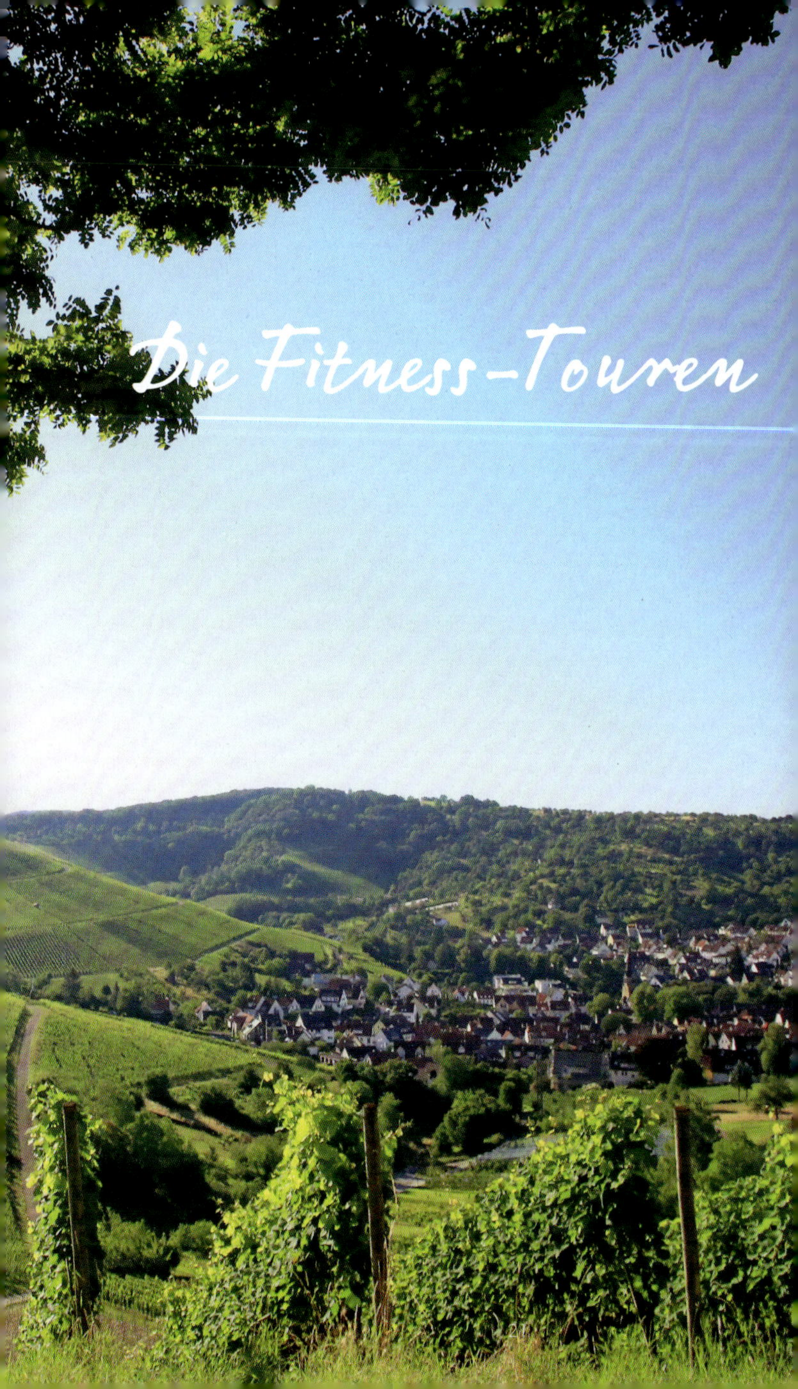

1 Auf dem Zazenhäuser Brunnenrundweg

Lehrreich um den Ort

leicht | 5,3 km | 90 Hm | 1.30 Std.

Ausgangs-/Endpunkt: Stuttgart-Zazenhausen, Blankensteinstraße (Bus) bzw. Vogteiweg (Auto)

Anfahrt: Bus & Bahn: Bus bis Zazenhausen, Haltestelle Zazenhausen Krone; Auto: B27 und B10 nach Zuffenhausen, dann weiter nach Zazenhausen. Parkmöglichkeiten gibt es im Vogteiweg bei der Mehrzweckhalle bzw. am Sportgelände des TV Zazenhausen, GPS: 48.841720, 9.192706

Einkehr: Sportplatzgaststätte Zazenhausen

Kinderwagen: Möglich

Karten: Wanderkarte W228 Stuttgart, 1:25000, Landesamt für Geoinformation und Landentwicklung Baden-Württemberg (LGL) in Zusammenarbeit mit dem Schwäbischen Albverein e. V.; Wanderkarte mit Radwegen Stuttgart Nordost Blatt 52-541, 1:25000, NaturNavi

Information: Bürgerverein Zazenhausen e. V., www.bv-zazenhausen.de

Es gibt viele Stuttgarter Vororte mit markierten Wegen, auf denen man den Ort umrunden kann. Der Bürgerverein Zazenhausen hat sich etwas Besonderes einfallen lassen: den Zazenhäuser Brunnenrundweg, auf dem man von Brunnen zu Brunnen wandert.

Durch den Ortskern Wer mit dem Bus gekommen ist, geht von der Bushaltestelle zur abgehenden Spitalhofstraße. Autofahrer, die in der Vogteistraße geparkt haben, gelangen von dort über die Berlichingenstraße, die Landsknechtstraße, die Helmulfstraße und die Bilihildstraße in die Kirchäckerstraße, die dann ebenfalls zur Spitalhofstraße wird.
Dieser folgen wir abwärts, wobei wir gleich rechts mit dem **Dorfbrunnen/Spitalhofbrunnen** 1 den ersten Brunnen dieser Tour sehen. Vorbei an historischen Häusern gehen wir hinab, überqueren den Feuerbach und biegen nach ihm links ab in die Straße Brunnenrain. Links sehen wir eine recht wilde Natur, die sich um den Feuerbach gebildet hat. Kurz danach verzweigt sich der Weg. Unser Weiterweg führt zwar auf dem linken Teil weiter, wir machen aber auf dem rechten einen Abstecher, denn er bringt uns nach kurzem Aufstieg zum **Kindlesbrunnen** 2.

Im Tal des Feuerbachs Danach gehen wir wieder hinunter zum Abzweig und halten uns rechts. Bald überqueren wir den Bach auf einer Brücke und halten uns danach rechts in den Weg Steigwiesen. Wir gehen an einer großen Scheune vorbei und kommen zum

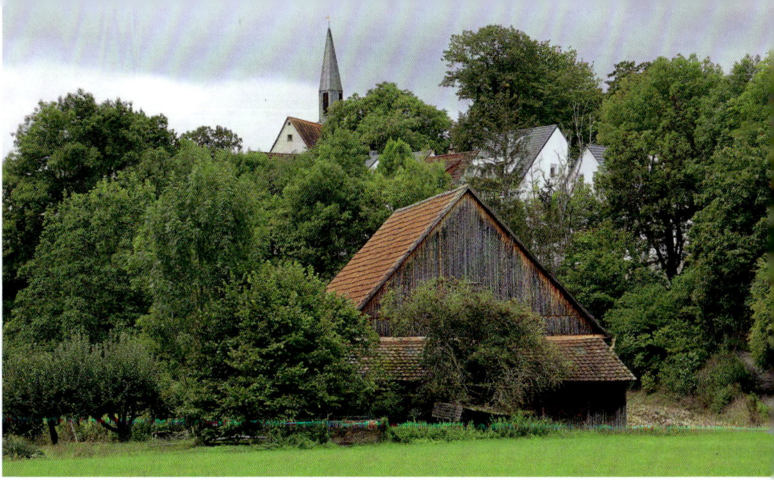

Beginn des Naturschutzgebiets Unteres Feuerbachtal. Hier biegen wir links ab, kurz darauf an der querenden Blankensteinstraße noch einmal. Sie bringt uns zum Ortsschild.

Blick aus dem Tal des Feuerbachs auf Zazenhausen

Weiter mit etwas Anstieg Wir halten uns am Ortsschild rechts; links der abgehenden Straße sehen wir einen **Brunnen** ❸, der an die Flurbereinigung (1951–1957) erinnert. Gleich danach biegen wir noch einmal rechts ab. Nun steigt es steil an. Am dritten rechts abgehenden Weg kann man den durch ein Gitter gesicherten Eingang zu einem **Gewölbekeller** ❹ sehen. Er diente einst weinbaulichen Zwecken.

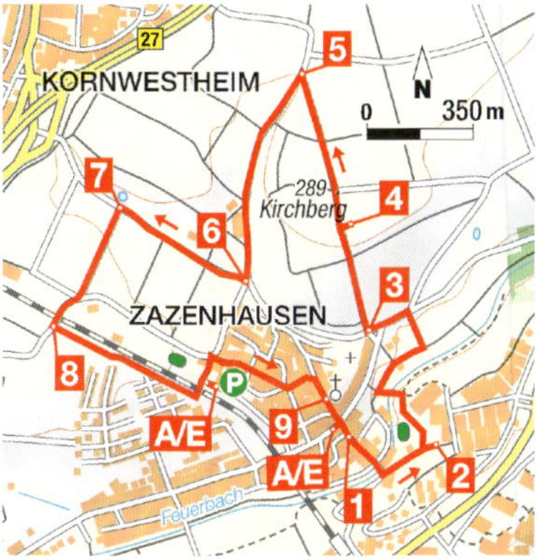

Tourencharakter

Wir wandern auf asphaltierten Wegen. Sinnvollerweise lädt man sich den Flyer zum Brunnenrundweg vorab von der Homepage des Vereins herunter, denn er enthält interessante Informationen.

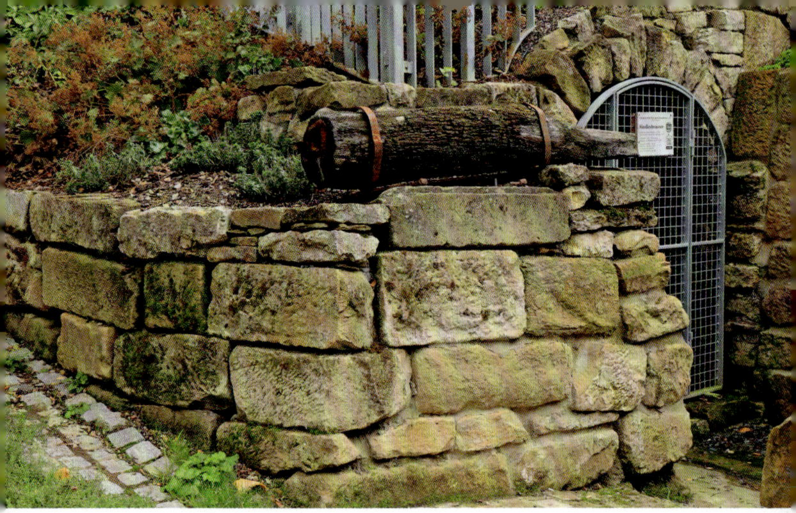

Vor dem Kindlesbrunnen sieht man einen Teil einer alten hölzernen Deichel.

Wir folgen dem Weg weiter aufwärts, danach geht es eben weiter und wir queren Elektroleitungen. Flankiert wird der Weg von Kornfeldern und Kleingärten. Wo links die eingezäunten Kleingärten enden, treffen wir auf ein querendes **Sträßchen** 5.

Über den Römerbrunnen zurück Ihm folgen wir im spitzen Winkel nach links. Nun führt der Weg wieder abwärts. Vor einem Hof halten wir uns an der Verzweigung links und kommen etwas später zum **Römerbrunnen** 6. Nach ihm biegen wir scharf rechts ab und wandern entlang des Bisachgrabens. Nach der dritten Brücke und bevor der Weg eine Links-rechts-Kurve beschreibt, liegt rechts des Weges der **Bisachbrunnen** 7. Auch er ist anlässlich der Flurbereinigung entstanden.

Danach gehen wir ein paar Meter zurück und biegen rechts ab. Nun steigt es kurz steil an. Das Umspannwerk auf der Höhe lassen wir rechts liegen. Wir wandern dort, wo der von rechts kommende Weg einmündet, geradeaus und dann nach rechts weiter.

Gleich danach überqueren wir die Bahnlinie und biegen nach ihr links ab 8. Nach dem ersten Haus liegt rechts der schöne Römerspielplatz Glockenapfel-/Goldparmänenweg. Wir halten uns aber links und wandern parallel zu der Schallschutzmauer der Bahnlinie weiter. Rechts sehen wir Tische und Bänke aus Beton, auf denen man zum Abschluss eine Rast einlegen kann. Außerdem findet man dort einen Bolz- und einen Beach-Volleyballplatz.

Vor den nächsten Häusern unterqueren wir die Bahnlinie nach links und kommen zum rechts abgehenden Vogteiweg. Wer dort geparkt hat, ist nun am Ende seiner Wanderung angelangt; jene, die mit dem Bus gekommen sind, haben noch ein paar Meter vor sich.

Es geht dabei kurz geradeaus weiter bis zu einem querenden Weg. Wir gehen auf ihm nach rechts in das Wohngebiet hinein und durchqueren es auf der Berlichingenstraße. Dabei queren wir erst die Landsknechtstraße, danach die Helmulfstraße. Gleich nach ihr halten wir uns links in die Bilihildstraße. Sie bringt uns zur querenden Kirchäckerstraße.

Wir biegen rechts ab und erreichen bald die **Kirche** 9. Vor ihr sieht man im Boden ein Mosaik, das nach dem Original in der Kathedrale von Chartres/Frankreich geschaffen wurde. Weiter der Kirchäckerstraße folgend kommen wir zurück zur Blankensteinstraße, wo sich unsere Bushaltestelle befindet.

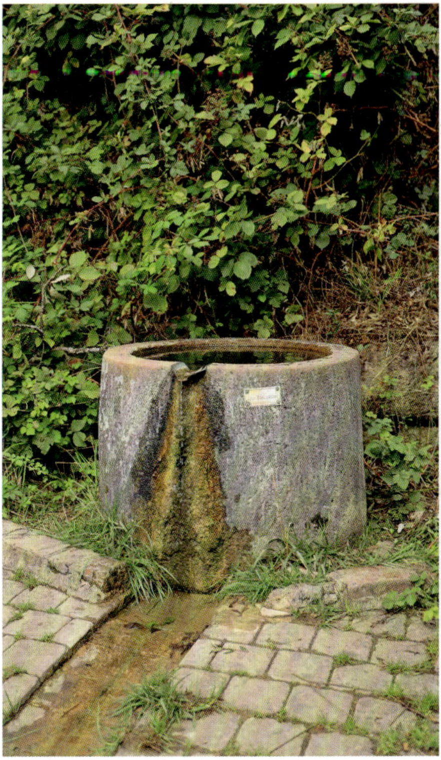

Der Bisachbrunnen entstand anlässlich der Flurbereinigung.

2 Von Mühlhausen nach Freiberg

Durch das Feuerbachtal

leicht 4,9 km | 110 Hm | 1.20 Std.

Tourencharakter: Die Tour verläuft auf festen Wegen.

Ausgangspunkt: Stuttgart-Mühlhausen

Endpunkt: Stuttgart-Freiberg

Anfahrt: Bus & Bahn: Anfahrt mit der Stadtbahn bis Haltestelle Mühlhausen, zurück mit der Stadtbahn ab Haltestelle Himmelsleiter

Einkehr: Mühlhausen

Kinderwagen: Es gibt einen steileren Anstieg am Anfang und am Schluss, die Wege sind jedoch asphaltiert oder geschottert.

Karten: Wanderkarte W228 Stuttgart, 1:25 000, Landesamt für Geoinformation und Landentwicklung Baden-Württemberg (LGL) in Zusammenarbeit mit dem Schwäbischen Albverein e. V.; Wanderkarte mit Radwegen Stuttgart Nordost Blatt 52-541, 1:25 000, NaturNavi

Der schönste Teil dieser Wanderung ist wahrscheinlich das idyllische Tal des Feuerbachs. Aber auch zuvor hat sie schon einiges zu bieten, denn wir steigen, vorbei am Palm'schen Schloss in Mühlhausen, durch den Schlosspark hinauf zu den Fundamenten einer Burgruine.

Vorbei am Schloss zur Ruine An der Stadtbahn- und Bushaltestelle Mühlhausen folgen wir erst der Mönchfeldstraße. Nach der querenden Arnoldstraße und der Bushaltestelle Mühlhausen Schloss zweigen wir links ab in den Schlosspark. Vorbei an den Eingängen zu den Pionierstollen, in denen im Zweiten Weltkrieg viele Mühlhauser Schutz gesucht haben, kommen wir zum Palm'schen Schloss, das heute als Rathaus dient. Danach zieht der Weg nach links. Weiter durch den prächtigen Schlosspark mit seinen alten Baumbeständen kommen wir auf die Höhe. Hier liegt links das Fundament der einstigen **Engelburg** (1).

Hinab zum Feuerbach Nach der Engelburg gehen wir noch geradeaus bis vor die Schule. Dort biegen wir rechts ab in den Schlosswiesenweg. Nach der Schule und den Wohnhäusern halten wir uns an dem querenden Weg rechts, gleich danach vor der Mönchfeldstraße noch einmal.

Wir wandern parallel zur Straße auf das Schloss zu, bis wir sie kurz vor diesem nach links überqueren können. Etwas nach links versetzt zweigen wir rechts ab in die Straße **Bachhalde** (2). Interessant ist das Stück Weinberg, das wir hier sehen.

Wir wandern nun immer geradeaus aus dem Ort hinaus ins Naturschutzgebiet »Feuerbachtal mit Hangwäldern und Umgebung«. Nach den Häusern sehen wir links ein kleines Fachwerkhaus, das Sandfangwärterhaus. Hinter diesem zweigen wir links ab 3. Wir kommen links an einem kleinen Weiher vorbei und wandern immer geradeaus durch das idyllische Feuerbachtal.

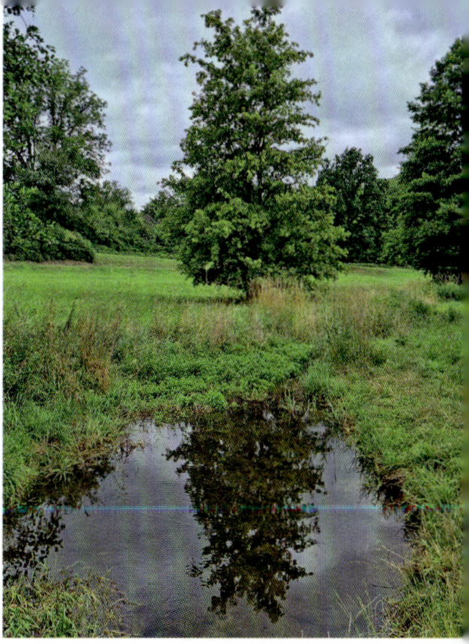

Idylle im Naturschutzgebiet Feuerbachtal

Hinauf nach Freiberg Unterhalb der Häuser von Zazenhausen passieren wir eine große Holzscheune. Etwas später halten wir uns vor zwei weiteren Holzscheunen links 4 und überqueren kurz danach den Feuerbach. Danach biegen wir rechts ab in die Straße Brunnenrain. Vorbei an einem urwüchsigen Stück Natur, einem Feuchtgebiet des Feuerbachs, kommen wir zu einer Brücke, an der rechts die Spitalhofstraße abgeht. Wir behalten unsere Richtung bei, nun in der Straße Himmelsleiter. Sie steigt eine Weile an, bis wir auf die Mönchfeldstraße stoßen. Links sehen wir bereits die Stadtbahnhaltestelle Himmelsleiter.

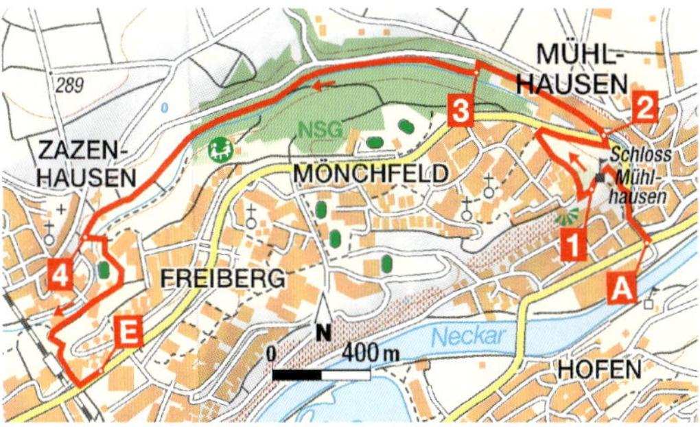

3 Vom Max-Eyth-See nach Freiberg

Mit Aussicht über die Weinberge

mittel | 6,6 km | 130 Hm | 2 Std.

Ausgangs-/Endpunkt: Stuttgart-Hofen, Max-Eyth-See, Mühlhäuser Straße

Anfahrt: Bus & Bahn: Stadtbahn bis Haltestelle Wagrainäcker; Auto: Von Stuttgart-Bad Cannstatt in Richtung Stuttgart-Hofen bzw. Mühlhausen. Einen Parkplatz findet man kurz hinter der Haltestelle stadtauswärts. GPS: 48.829794, 9.212236

Einkehr: Max-Eyth-See

Kinderwagen: Wer mit dem Kinderwagen unterwegs ist, sollte am Ende der Tour vor dem steilen Weg mit den Treppen abkürzen, s. Beschreibung.

Karten: Wanderkarte W228 Stuttgart, 1:25 000, Landesamt für Geoinformation und Landentwicklung Baden-Württemberg (LGL) in Zusammenarbeit mit dem Schwäbischen Albverein e. V.; Wanderkarte mit Radwegen Stuttgart Nordost Blatt 52-541, 1:25 000, NaturNavi

Zu den beliebtesten Ausflugszielen Stuttgarts zählt der Max-Eyth-See am Neckar. Hier kann man auf den Wiesen relaxen, grillen, die Seeatmosphäre genießen oder ein Boot mieten – also einfach einen schönen Tag verbringen.

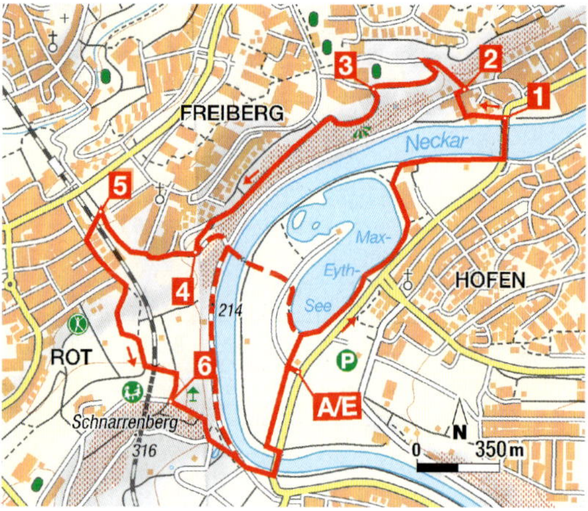

Entlang des Sees Auch wenn man hier nicht baden darf, ist es am See an schönen Tagen sehr voll. Deshalb durchwandern wir die parkartige Anlage gleich am Anfang – optimalerweise am Morgen, wenn noch nicht viel los ist – und steigen danach hoch in die Weinberge. Von dort hat man einen prächtigen Ausblick hinab zum See und auf Stuttgart. Vom Startpunkt, der **Haltestelle**, gehen wir hinein in die Grünanlage um den Max-Eyth-See. Dort halten wir uns gleich rechts und wandern am See entlang. An seinem Ende orientieren wir uns links, folgen kurz weiter dem Ufer und zweigen dann rechts ab. Praktisch parallel zum Neckar wandern wir bis vor die Hofener Brücke.

Tourencharakter

Die Tour verläuft auf festen Wegen, wegen des steilen Abstiegs am Schluss sollte man sie nicht bei Nässe, Eis und Schnee machen bzw. dann wie beschrieben abkürzen.

Hinauf in die Weinberge Wir überqueren sie und biegen gleich danach links ab ❶. Dann nehmen wir an einer Kreuzung den rechts abgehenden Libauerweg und kommen zur Arnold-

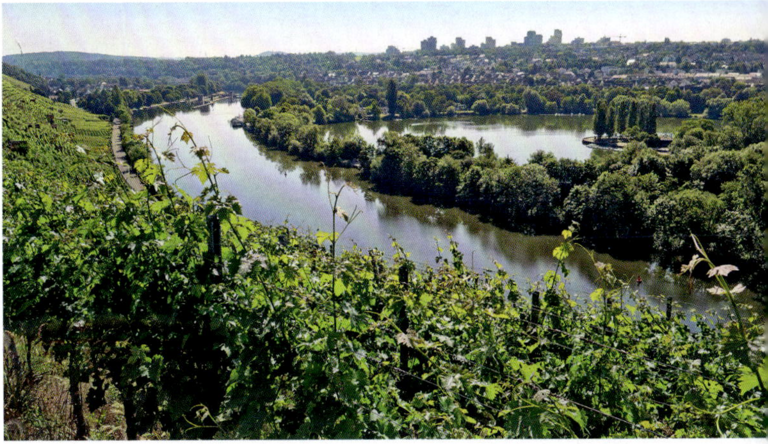

Blick auf den Neckar und den Max-Eyth-See

straße. Wir folgen ihr nach rechts, dann halten wir uns links in die **Keltersteige** ❷. Sie steigt an und wir gelangen in ein Waldstück. Dort folgen wir bei nächster Gelegenheit den Wanderzeichen blauer Balken und dem »N« für Neckarweg nach links. Diese Zeichen begleiten uns fast bis zum Schluss der Tour. Nun geht es zwischen Gärten und später Weinbergen weiter hinauf. Bald haben wir auch einen schönen Blick nach links hinab zum See, zum Neckar und zu den Höhen um Stuttgart mitsamt dem Fernsehturm.

Diesen Ausblick genießen wir ab jetzt öfter. Vor den ersten Häusern von **Freiberg** 3 biegen wir links ab.

Aussichtsreich entlang der Weinberge Jetzt wandern wir für längere Zeit immer oberhalb der Weinberge, die prächtige Aussicht bleibt uns hierbei erhalten. An einem Querweg halten wir uns links. Später gehen wir entlang der Häuser bis zum nächsten **querenden Weg** 4. Hier hat man zwei Möglichkeiten: Bei Nässe, Eis und Schnee sowie wenn man mit einem Kinderwagen unterwegs ist oder einem die Wanderung zu lang wird, kann man hier abkürzen. Dafür biegen wir links ab und kommen hinab zur Austraße. Man kann nun den Steg überqueren und durch die Grünanlage am See zum Ausgangspunkt zurückgehen. Oder man folgt der Austraße nach rechts bis vor die Aubrücke. Ab dort vereinigen sich beide Varianten wieder. Ansonsten biegen wir rechts ab.

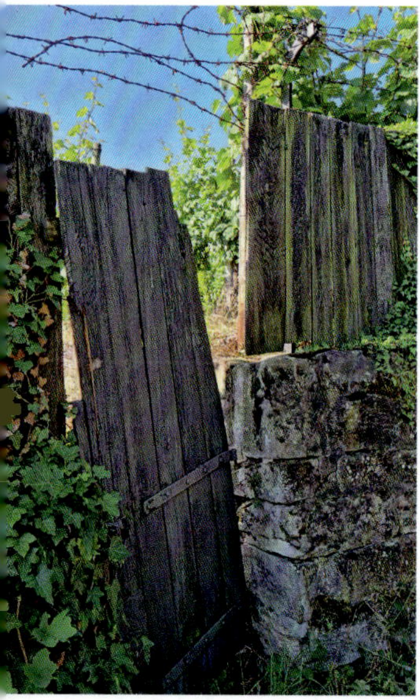

Idylle in den Weinbergen

Durch eine Grünanlage zurück Nun steigt es links eines Spielplatzes und der Häuser wieder an. Wo die rechts verlaufende Straße nach rechts zieht, behalten wir unsere Richtung bei und gehen entlang der Gärten geradeaus weiter hinauf. Vor einem Parkplatz biegen wir links ab 5 und überqueren die Bahngleise auf einer Brücke. Danach zweigen wir links ab in die Züttlinger Straße.

Nach Haus Nr. 70 halten wir uns in der Grünanlage Tapachtal rechts. Gleich danach folgen wir den Wanderzeichen nach links. Am nächsten Querweg gehen wir nach links hinab 6 und halten uns am folgenden Querweg rechts. Es steigt wieder etwas an, dann orientieren wir uns am querenden Weg links und nehmen gleich darauf an der Verzweigung den linken Weg. Nun müssen wir aufpassen, denn gleich danach, am Ende der Kopfsteinpflasterfläche, geht mit den bekannten Wanderzeichen links ein schmaler Weg ab. Er ist teils durch Treppen unterbrochen und führt uns steil hinab bis zur Austraße. Hier vereinigen sich beide Varianten wieder.

Wir gehen nach rechts bis vor die Aubrücke, zweigen links ab und unterqueren sie. Dann wandern wir links hinauf und überqueren auf ihr den Neckar. Nach ihr könnte man geradeaus weitergehen zum Ausgangspunkt, schöner ist aber der Weg durch die Grünanlage. Dazu zweigen wir gleich nach der Brücke rechts ab und kommen vor den Neckar. Hier halten wir uns rechts und gelangen gleich in die Grünanlage um den See. Wir orientieren uns bei nächster Gelegenheit rechts und wandern zurück zum Ausgangspunkt.

Die elegant geschwungene Brücke führt zu den Grünanlagen am Max-Eyth-See.

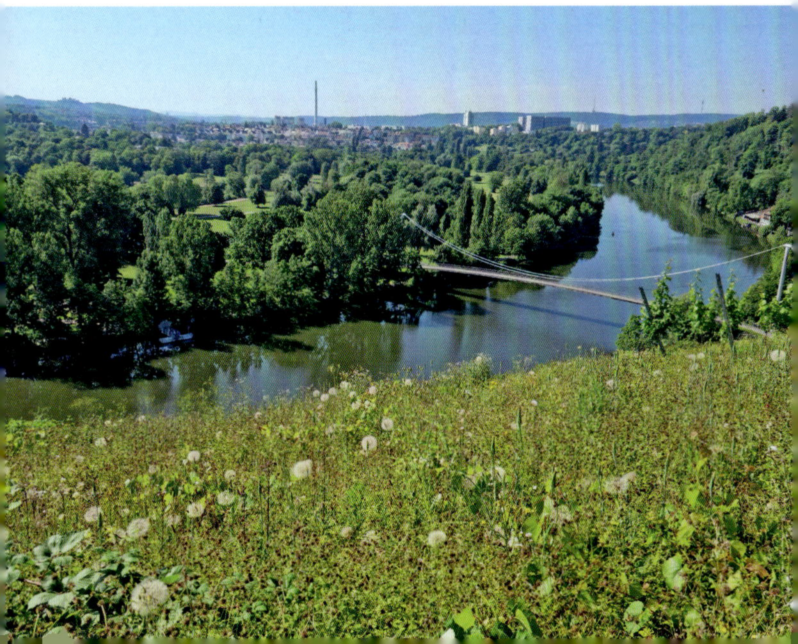

4 Fellbacher Besinnungsweg

Bewegung und Besinnung

leicht | 6,2 km | 50 Hm | 1.30 Std.

Tourencharakter: Der Weg ist nahezu eben und verläuft auf asphaltierten Wegen; da man an den Besinnungsorten etwas verweilen wird, sollte man mit einer Gesamtzeit von 2–3 Std. rechnen.

Ausgangs-/Endpunkt: Fellbach, Geschwister-Scholl-Straße 20; als weitere Parkmöglichkeiten und Ausgangspunkte bieten sich zwei Parkplätze an, an einem davon führt diese Tour auch direkt vorbei. Sie werden im Text beschrieben. Der Zuweg von dem etwas abseits der Tour gelegenen Parkplatz zum Besinnungsort Schöpfung ist ausgeschildert.

Einkehr: Fellbach

Kinderwagen: Gut geeignet

Karten: Wanderkarte W220 Welzheim, 1:25 000, Landesamt für Geoinformation und Landentwicklung Baden-Württemberg (LGL) in Zusammenarbeit mit dem Schwäbischen Albverein e.V.; Wanderkarte mit Radwegen Stuttgart Nordost Blatt 52-541, 1:25 000, NaturNavi

Information: www.besinnungsweg-fellbach.de

Der Besinnungsweg führt durch interessante Natur mit vielen Ausblicken, einigen markanten und bizarren Bäumen und einem Naturdenkmal. Er ist mit modernen Kunstwerken ausgestattet und regt mit zahlreichen Zitaten, sowohl aus der Bibel wie auch aus der Philosophie oder von Schriftstellern, zum Nachdenken an.

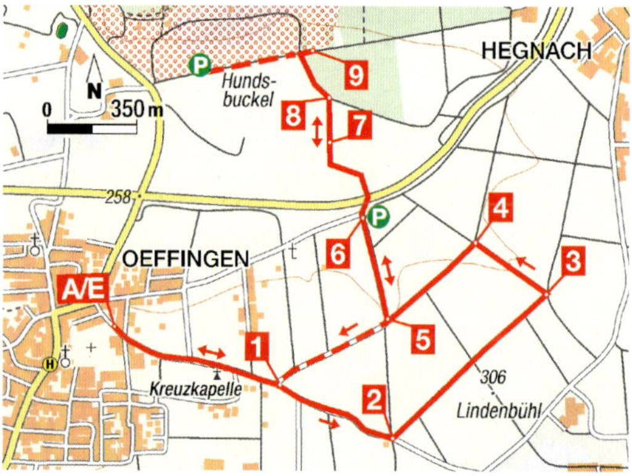

Vorbei an der Kapelle Wir folgen ab dem Friedhof der Geschwister-Scholl-Straße ortsauswärts. Bereits zu Beginn sehen wir am Wegrand die ersten Kunstwerke. Sie sind, wie auch alle folgenden, mit nachdenkenswerten Zitaten auf niedrigen Metalltafeln versehen, die auch vom Rollstuhl aus gelesen werden können. Kurz nach dem Ort erwartet uns das älteste Kunstwerk der Wanderung, die Feldkapelle Heilig Kreuz. Sie stammt aus dem 16. Jahrhundert

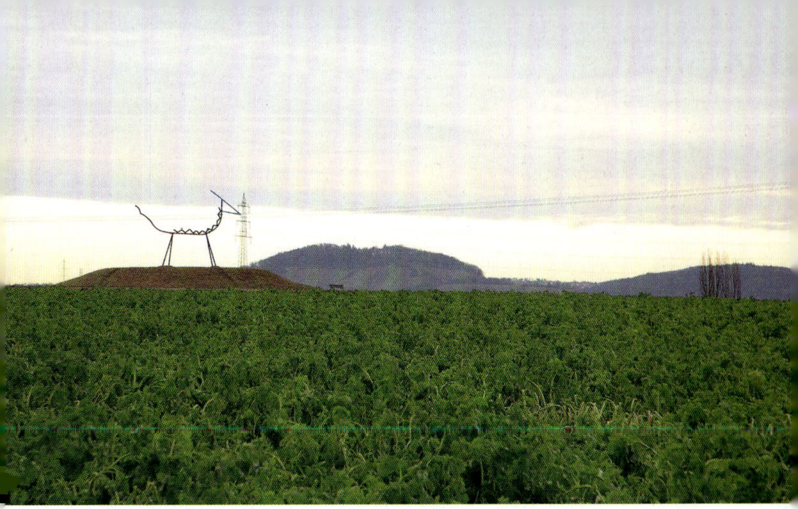

Das Kunstwerk »Freiheit« erinnert an ein Pferd.

und wurde im 17. Jahrhundert mit Stuckarbeiten im Wessobrunner Stil ausgeschmückt.

Danach folgen wir dem Weg weiter, vorbei am Kunstwerk »**Zeit**« 1 in Form eines Kreuzes, das mit dem Querbalken endet, bis wir bei einer Scheune und dem Schild **Lindenbühl** (317 m) 2 nach links verwiesen werden. Rechts sehen wir das pferdeähnliche Kunstwerk Freiheit. Bald erreichen wir eine Kreuzung, wo wir an einem Bachlauf eine als Naturdenkmal geschützte Baumreihe sehen; hier biegen wir links ab 3. Rechts liegt das Kunstwerk »Frieden«, das aus mehreren Elementen besteht, unter anderem einer Stahlbrücke und einer Art Eisenbahnschiene. Etwas später kommen wir zum Besinnungsort »**Freizeit/Muße**« 4 in Form einer riesigen sitzenden Figur. Dort halten wir uns links.

Erinnern und vergessen Das Gelände steigt sanft an, dann fällt der Weg bis zum Schild **Oeffingen Heimertal** (295 m) 5. Hier steht das Kunstwerk

Anfahrt

Bus & Bahn: S-Bahn bis Bahnhof Fellbach, weiter mit Bus oder Stadtbahn bis Haltestelle Lutherkirche/Berliner Platz, dann mit Bus bis Haltestelle Oeffingen Gemeindezentrum. Von dort aus ist der Weg ausgeschildert; Auto: B27 bis Pragstraße, dann B10 in die Löwentorstraße, am Max-Eyth-See rechts in die Seeblickstraße und weiter nach Fellbach, dort der L1197 folgen, GPS: 48.843310, 9.267883

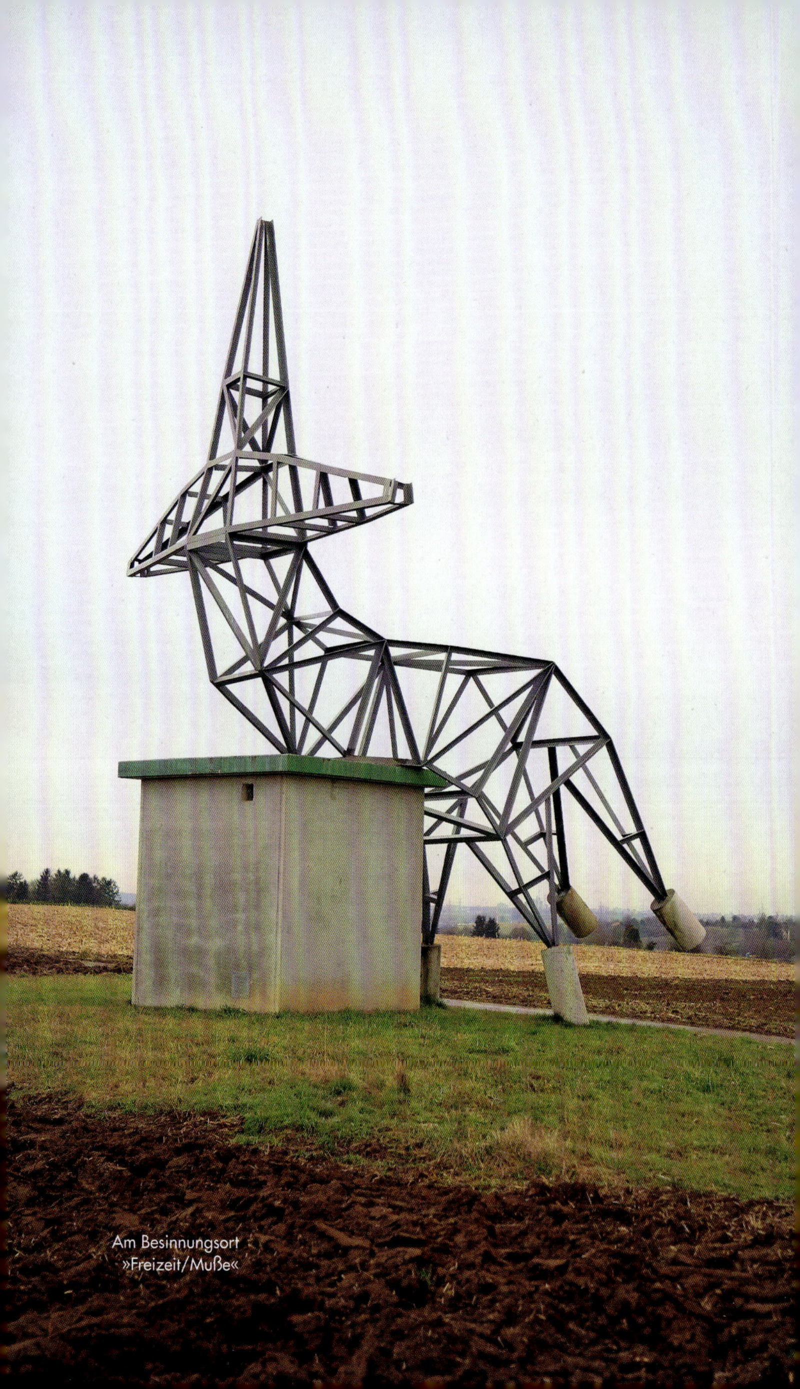

Am Besinnungsort
»Freizeit/Muße«

»Erinnerung/Vergessen«. Nun haben wir zwei Möglichkeiten: Wer nicht den gesamten Besinnungsweg begehen will, geht hier geradeaus weiter und reduziert damit die Tourdauer um eine halbe Stunde. Ansonsten macht man einen Abstecher nach rechts, kommt aber später wieder hierher zurück.
Nach rechts kommt man bald am Kunstwerk »Geborgenheit/Vertrauen« vorbei. Etwas später erreicht man den ersten der beiden Ausweichparkplätze mit den Steinskulpturen **»Hier Nicht« und »Demut«** 6. Wir gehen zur Hegnacher Straße, queren die Oeffinger Straße und wandern weiter bis zu einem querenden Weg. Dort biegen wir links, dann wieder rechts ab. Jetzt ist der asphaltierte Weg teilweise mit Feinschotter bedeckt. Rechts des Weges sehen wir den Besinnungsort mit dem »Gott/Transzendenz« genannten **steinernen Kopf** 7. Danach geht es auf den Waldrand zu. Schon von Weitem leuchtet das knallrote Kunstwerk »Kind sein/Kreativität« in Form eines gefalteten Hauses mit Tisch und Stühlen.

Über die »Schöpfung« zurück Dort biegen wir am Schild **Hundsbuckel** (271 m) 8 links ab. Der Weg zieht gleich darauf nach rechts und bringt uns zu einer Kreuzung. Nach links geht es zum zweiten der beiden Ersatzparkplätze, nach rechts zum Kunstwerk **»Schöpfung«** 9. Dieses ist ein stilisierter Baum, der grafisch aus einer Metallplatte herauswächst. Er kann von einer Art »Feldherrenhügel« besichtigt werden.
Danach gehen wir zurück bis zum Schild **Oeffingen Heimertal** (295 m) 5 und dem Kunstwerk »Erinnerung/Vergessen«. Wir biegen links ab. Nun folgt der einzige etwas steilere Anstieg, der allerdings nur kurz ist. Bald erreichen wir wieder die Geschwister-Scholl-Straße, der wir nach rechts zum Ausgangspunkt folgen.

5 Von Zuffenhausen nach Korntal

Durch den Greutterwald und über den Weinbergen

leicht | 5,2 km | 100 Hm | 1.30 Std.

Tourencharakter: Wir wandern auf festen Wegen. Einmal geht es auf einer Treppe steil hinab. Sie ist stabil gebaut und mit einem Geländer versehen, man sollte hier aber schwindelfrei sein. Wegen ihr sollte man die Tour bei Eis und Schnee nicht begehen.

Ausgangspunkt: Stuttgart-Zuffenhausen, Bahnhof

Endpunkt: Korntal-Münchingen, Korntal, Bahnhof

Anfahrt: Bus & Bahn: Anreise mit der S-Bahn bis Stuttgart-Zuffenhausen, Haltestelle Bahnhof, zurück mit der S-Bahn ab Korntal-Münchingen, Haltestelle Korntal, Bahnhof

Einkehr: Zuffenhausen, Korntal

Kinderwagen: Wegen der Treppe eher ungeeignet

Karten: Wanderkarte W228 Stuttgart, 1:25 000, Landesamt für Geoinformation und Landentwicklung Baden-Württemberg (LGL) in Zusammenarbeit mit dem Schwäbischen Albverein e. V.; Wanderkarte mit Radwegen Stuttgart Nordwest Blatt 50-541, 1:25 000, NaturNavi

Diese Streckentour knackt zwar nicht ganz die 10 000-Schritte-Marke, man spaziert aber in ständigem Auf und Ab durch einen schönen Wald und aussichtsreich oberhalb von Weinbergen.

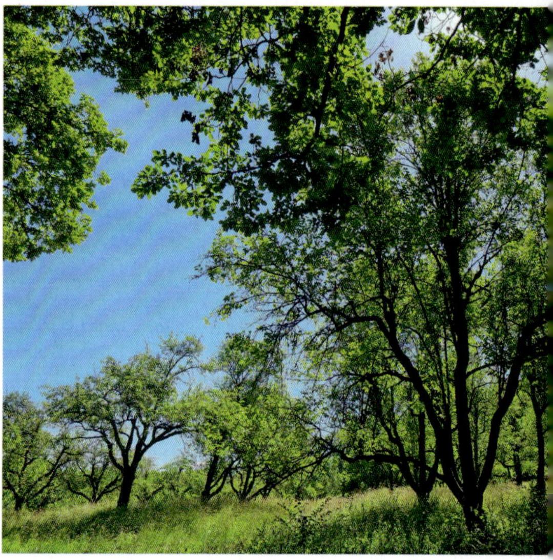

Durch den Park Wir verlassen den Bahnsteig in Zuffenhausen in Richtung »Schwieberdinger Straße«, die wir nach einem Steg erreichen. Dort halten wir uns kurz links, dann biegen wir rechts ab in die Ohmstraße. Nach der querenden Straße Am Stadtpark kommen wir in diesen waldreichen Park. Hier sehen wir auch schon das Wanderzeichen blauer Balken, das uns eine Weile begleiten wird.

Nun gehen wir in dem verwilderten Park aufwärts, bis wir den **Waldspielplatz Zuffenhausen** ❶ erreichen. Den passieren wir und biegen links ab in den Fasanenweg. Nach einem Querweg zieht unser Weg nach rechts. An einer Kreuzung mit Trimm-dich-Einrichtungen biegen wir links in einen ansteigenden Weg ab und wandern hinauf zum querenden **Korntaler Weg** ❷. Ihm folgen wir nach rechts. An der nächsten Kreuzung halten wir uns in der Hirschsprungallee links bergauf.

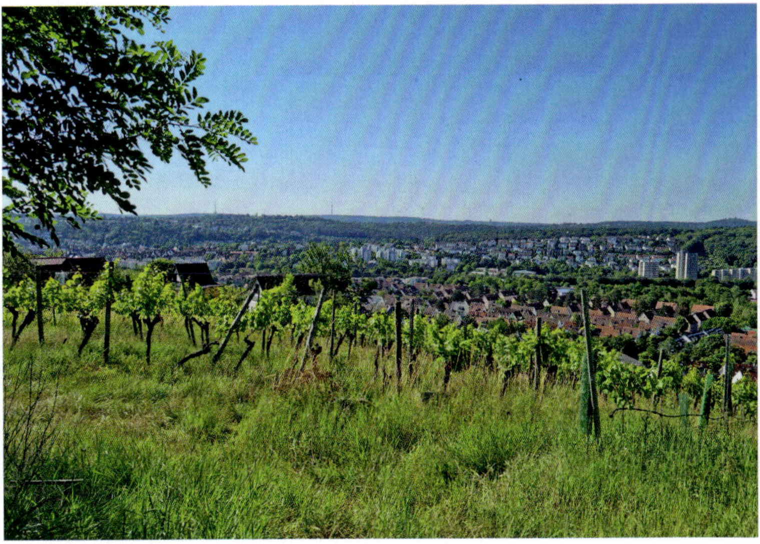

Blick vom Feuerbacher Höhenweg über die Weinberge nach Feuerbach und weiter zum Fernsehturm

Linke Seite: Auch naturnahe Baumwiesen werden durchwandert.

Auf dem Feuerbacher Höhenweg über den Lemberg

Nach einer Schranke vor dem Waldrand biegen wir rechts ab in den **Feuerbacher Höhenweg** ❸. Kurz darauf orientieren wir uns an einer Verzweigung links. Nun wandern wir erst rechts von Kleingärten am Waldrand entlang, später liegen links Weinberge. Dabei haben wir einen schönen Blick hinab nach Feuerbach, nach Stuttgart, zum Fernsehturm und zur Solitude. Bald zeigt uns auch ein Schild an, dass wir uns im Naturschutzgebiet Greutterwald befinden. Eine Informationstafel klärt uns über die vorgeschichtliche Zeit des Waldes auf.

Durch das Naturschutzgebiet Greutterwald nach Korntal

Plötzlich stehen wir vor einer steilen Treppe. Sie führt uns entlang des **Kotzenlochs** ❹ hinab. Unten angelangt biegen wir rechts ab. Nun geht es eine Weile geradeaus durch das Naturschutzgebiet Greutterwald. Nach dem Wald folgen wir weiter geradeaus der Tachenbergstraße und erreichen bald Korntal. An der querenden Lembergstraße halten wir uns links und gehen bis zur **Bushaltestelle Tachenbergstraße** ❺. Nach ihr biegen wir rechts ab in den Fußgängerweg. Er führt uns rechts an den Häusern entlang, bis es nicht mehr geradeaus weitergeht. Hier wandern wir nach rechts über die Brücke und können gleich nach links hinab zum Bahnhof Korntal gehen.

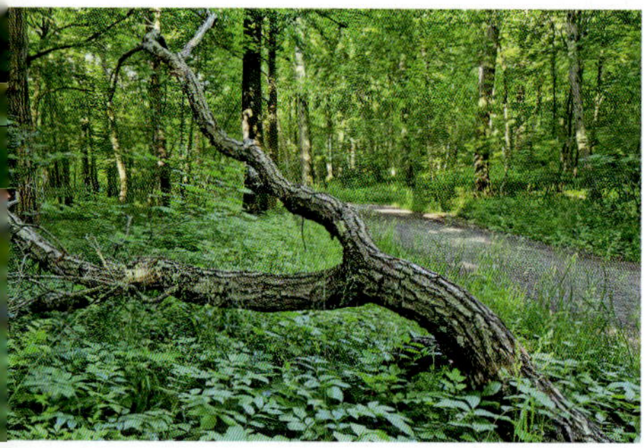

Der Wald zeigt manchmal recht wilde Szenen.

Rechte Seite: Durch das Kotzenloch führt eine steile Treppe hinab.

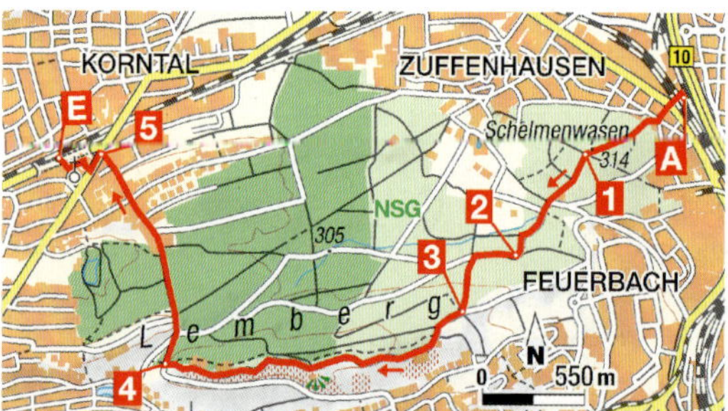

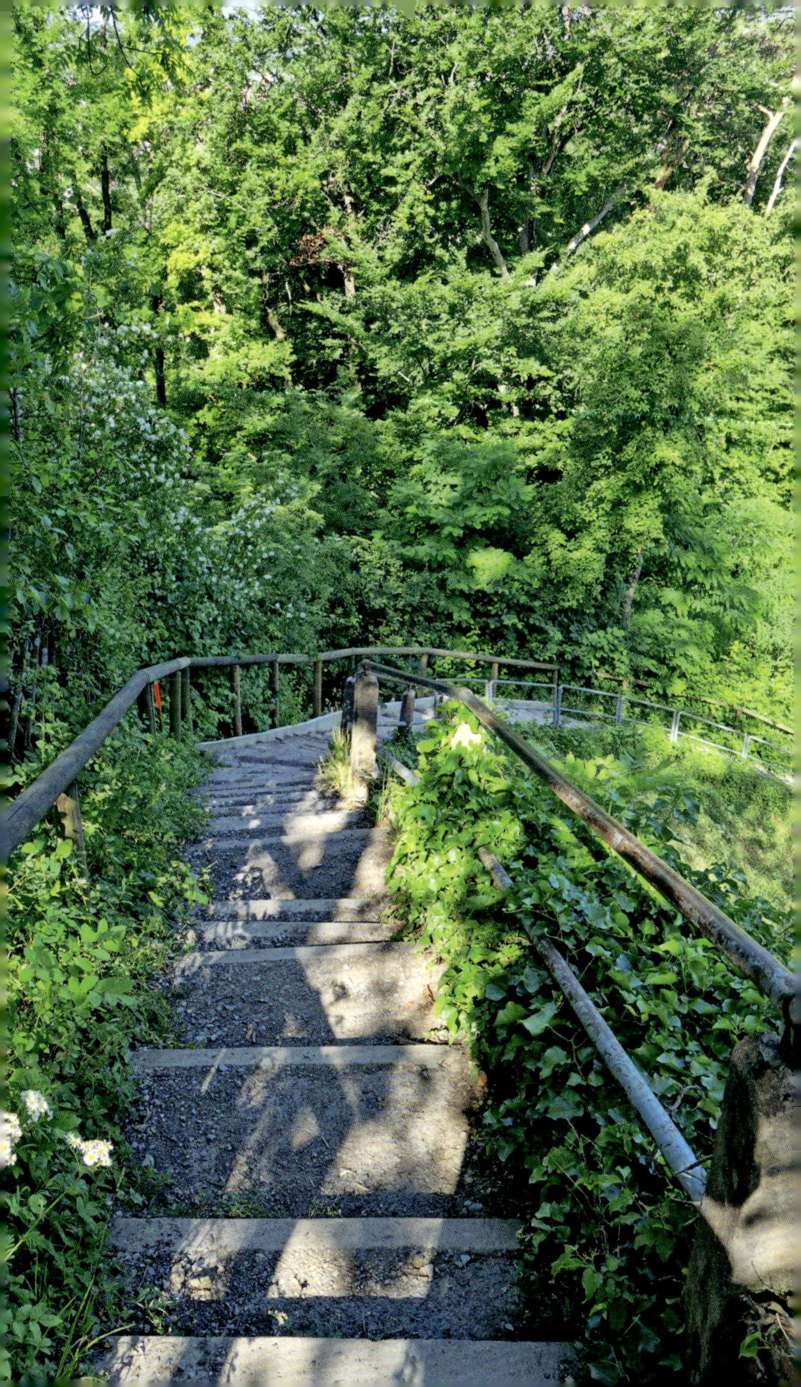

6 Von Sommerrain nach Mühlhausen

Über den Zuckerberg zum Max-Eyth-See

leicht | 5,9 km | 50 Hm | 1.40 Std.

Tourencharakter: Wir wandern auf festen Wegen.

Ausgangspunkt: Stuttgart-Sommerrain

Endpunkt: Stuttgart-Mühlhausen

Anfahrt: Bus & Bahn: Anreise mit der Stadtbahn bis Haltestelle Obere Ziegelei, zurück mit der Stadtbahn ab Haltestelle Auwiesen

Einkehr: Max-Eyth-See

Kinderwagen: Wegen der langen Treppe gleich am Anfang nicht geeignet

Karten: Wanderkarte W228 Stuttgart, 1:25 000, Landesamt für Geoinformation und Landentwicklung Baden-Württemberg (LGL) in Zusammenarbeit mit dem Schwäbischen Albverein e.V.; Wanderkarte mit Radwegen Stuttgart Nordost Blatt 52-541, 1:25 000, NaturNavi

Ein gutes Stück dieser Tour wandern wir auf einem richtigen Panoramaweg mit Blick über die Weinberge und auf den Neckar. Danach gehen wir durch das Gelände um den Max-Eyth-See, wobei wir die Tour entweder entlang des Neckars oder entlang des Sees beschließen können.

Über den Weinbergen Wir gehen von der Haltestelle zunächst auf die westliche Seite der Schmidener Straße. Dort steigen wir in Richtung »Hauptfriedhof Muckensturm« die Treppe hinauf. Nach links öffnet sich bereits immer mehr die herrliche Aussicht über die Weinberge nach Stuttgart und bis zum Fernsehturm.

Oben angelangt halten wir uns links in die Einsteinstraße, zweigen aber gleich nach links auf einen Fußgängerweg ab. Nun wandern wir direkt oberhalb der Weinberge, immer mit einer grandiosen Aussicht. Nach den Häusern fällt der Weg etwas, danach haben wir auch den Neckar im Blickfeld.

Der Weg beschreibt einen Rechtsknick (1), dann geht es nach links weiter. Anschließend zieht er endgültig nach rechts und wir kommen nach der Anlage der Kleintierzüchter zur Steinhaldenstraße. Hier biegen wir mit den Wanderzeichen blauer Balken, »N« und »Rössleweg« links ab und wandern nach Steinhaldenfeld. Dort biegen wir links ab in die **Zuckerbergstraße** (2). Nach einer Rechtskurve wandern wir wieder entlang der Weinberge. Es folgt eine weitere Rechtskurve, nach der wir links in den **Eibseeweg** (3) abbiegen.

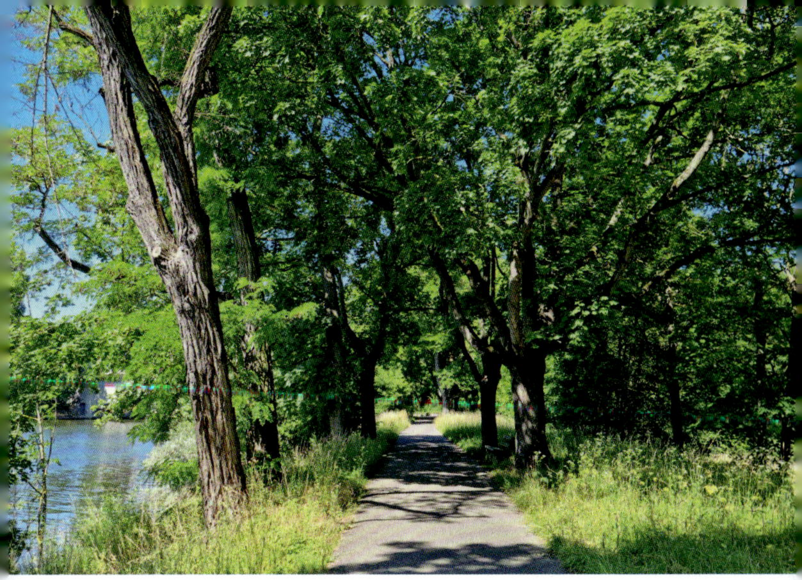

Zwischen Neckar und Max-Eyth-See zur Haltestelle

Dieser führt uns eine Weile bergab, dann weisen uns die verschiedenen Wanderzeichen nach links. Nach einer Treppe stoßen wir auf die Wagrainstraße. Wir folgen ihr nach links, dann biegen wir rechts **4** ab in Richtung »Sportanlagen«. Nun verläuft links des Weges der Neckar.

Wir unterqueren bald die Aubrücke und kommen auf das Gelände des **Max-Eyth-Sees.** Nun haben wir zwei Möglichkeiten: Wir können uns entweder gleich rechts halten **5**, vor dem See links zum Neckar abbiegen und vor ihm nach rechts weitergehen, oder wir bleiben wie auf der Karte markiert links und wandern immer am Neckar entlang.

Am Ende des Geländes gehen wir rechts hinauf, überqueren die Hofener Brücke nach links und kommen zur Stadtbahnhaltestelle.

Am Neckar führt ein idyllischer Weg entlang.

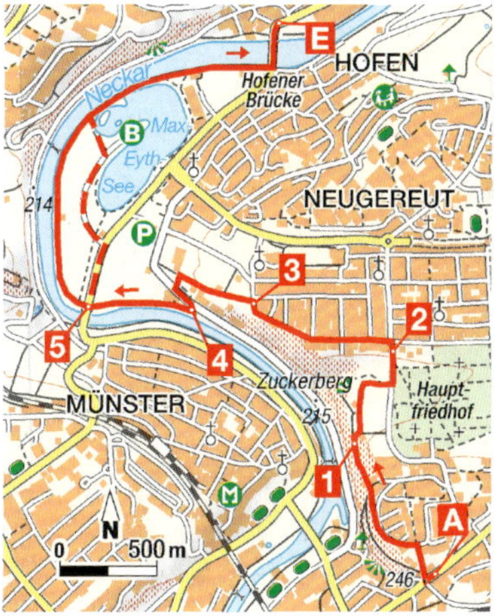

7 Feuerbacher Wald- und Weinbergrunde

Vorbei an der Ruine Dischingen

mittel 6,9 km 120 Hm 2 Std.

Tourencharakter: Wir wandern meist auf festen Wegen, aber auch auf Pfaden.

Ausgangs-/Endpunkt: Stuttgart-Feuerbach

Anfahrt: Bus & Bahn: Stadtbahn bis Haltestelle Pfostenwäldle (AWO); Auto: B27, B10 und B295 nach Stuttgart-Feuerbach, dort zu den Sportplätzen. Parkmöglichkeiten gibt es auch in den umliegenden Wohnstraßen. GPS: 48.812238, 9.135528

Einkehr: Keine

Kinderwagen: Wegen der Pfade, einer Treppe und eines Steilstücks eher nicht geeignet

Karten: Wanderkarte W228 Stuttgart, 1:25 000, Landesamt für Geoinformation und Landentwicklung Baden-Württemberg (LGL) in Zusammenarbeit mit dem Schwäbischen Albverein e. V.; Wanderkarte mit Radwegen Stuttgart Nordwest Blatt 50-541, 1:25 000, NaturNavi

Feuerbach liegt nicht nur am Rand von ausgedehnten Waldgebieten, sondern auch von Weinbergen. Beides werden wir bei dieser Tour erleben. Außerdem besuchen wir eine Burgruine und wandern zwischen romantischen Kleingärten, die uns eine weite Aussicht bieten.

Durch den Wald Wir gehen von der Stadtbahnhaltestelle auf die andere Seite der B295 zum Wald. Dort biegen wir gleich nach der Unterführung rechts ab in die Feuerbacher Allee. Am querenden Stötzlenswaldweg halten wir uns rechts, überqueren die Bundesstraße und biegen gleich danach links ab ❶. Bald treffen wir auf die Straße Lindental, der wir nach links folgen.

Gleich darauf zweigen wir links ab in den Wald, halten uns aber kurz danach rechts auf einen Pfad. Er verläuft eine ganze Weile recht idyllisch parallel zu einem Bachlauf und zum Waldrand, dann zieht er nach links aufwärts und wir unterqueren die Bundesstraße.

An der querenden Asphaltstraße vor einem Haus halten wir uns links, sollten aber vorher rechts am Abzweig die alte **Grubbank** ❷ beachten. Nun wandern wir in der Straße Diebachwiesen an Waldheimen entlang, danach auf einem Pfad über eine Wiese bis zu einem **querenden Weg** ❸. Hier biegen wir links ab und kommen wieder in den Wald.

Über die Ruine Dischingen zu Gärten und Weinbergen Dort folgen wir dem querenden Schrannenweg nach rechts, der uns in einigen Windungen bergauf führt.

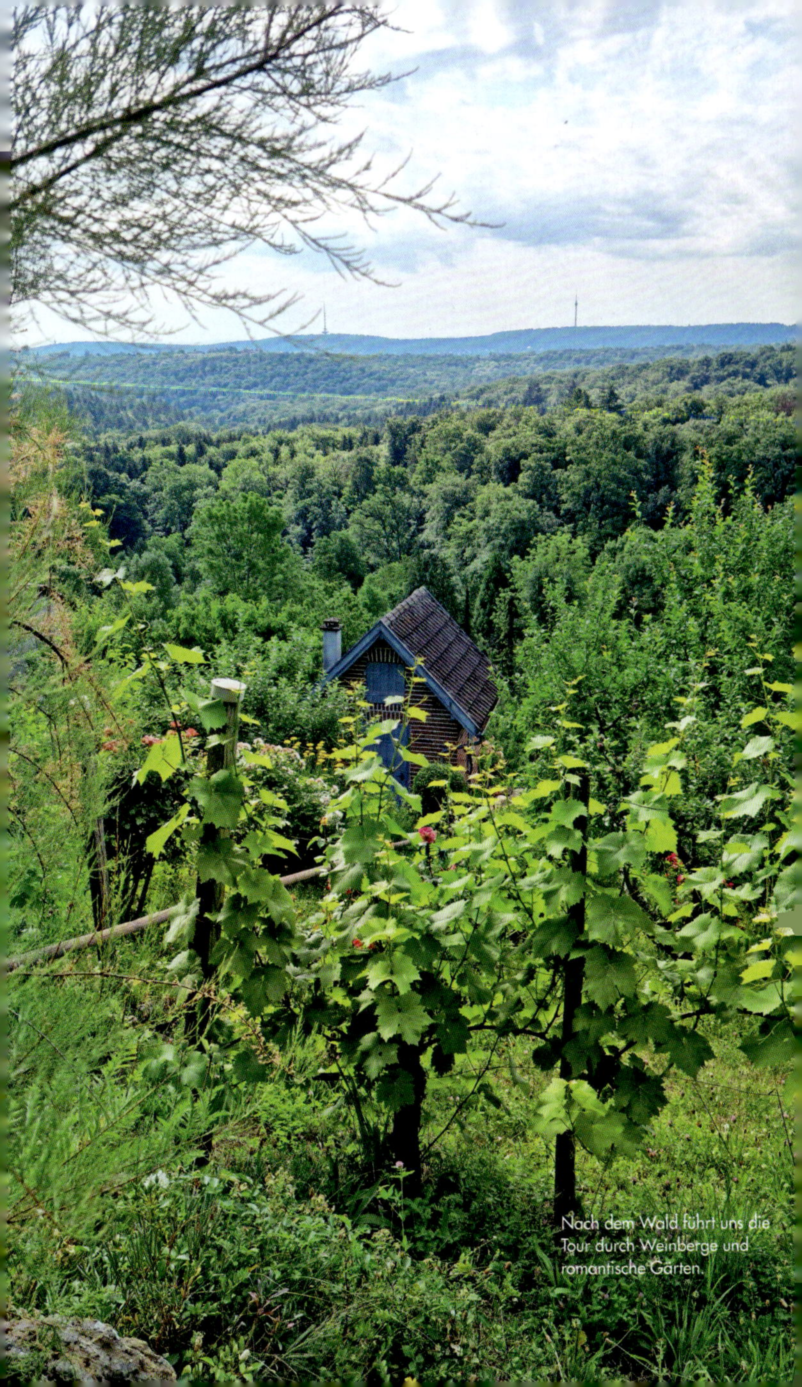

Nach dem Wald führt uns die Tour durch Weinberge und romantische Gärten.

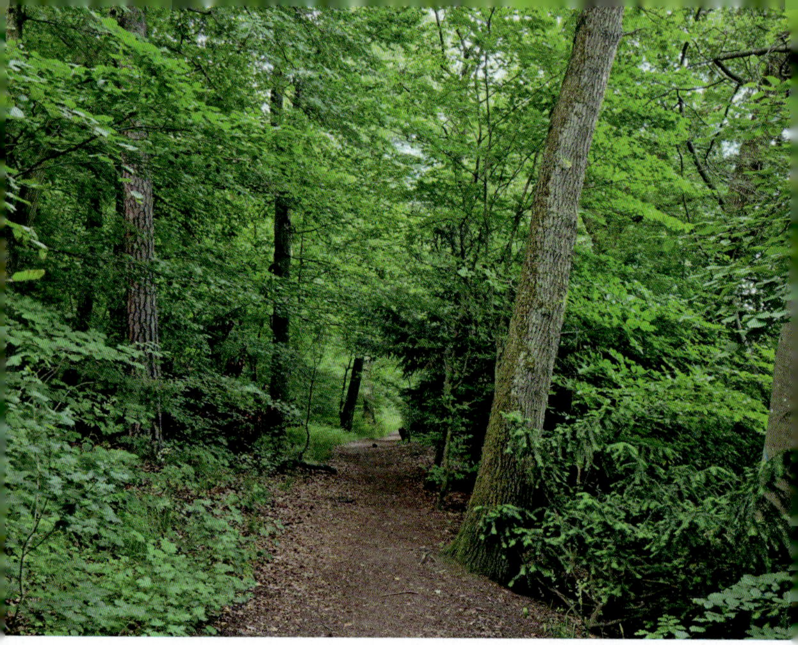

Wir wandern durch dichte Waldgebiete.

An einem querenden Weg halten wir uns noch kurz rechts, dann biegen wir rechts ab in das Dischinger-Burg-Sträßle. Nach einiger Zeit liegt links in einer Lichtung ein Rast- und Grillplatz. Nach rechts können wir dem Schild folgen und einen Abstecher zur **Ruine Dischingen** 4 machen, von der noch Mauerreste erhalten sind.

Ansonsten wandern wir geradeaus weiter bis zur Kreuzung **Stroheiche** 5, wo es auch eine Schutzhütte gibt. Hier halten wir uns links in die Steinstraße. Sie verläuft immer geradeaus, bringt uns am Hochbehälter Hohe Warte vorbei und schließlich zu einem Wegweiser. Wir folgen den Wanderzeichen »Talkrabbenweg«, »Rössleweg« und dem blauen Balken nach rechts 6.

Vor einem eingezäunten Grundstück halten wir uns links, dann geht es auf einer Treppe hinab und wir wandern auf einem befestigten Weg weiter. Er verläuft anfangs zwischen gepflegten Kleingärten, danach zwischen Weinbergen. Neben manch pittoreskem Häuschen genießen wir von hier aus auch eine prächtige Aussicht, unter anderem zum Fernsehturm.

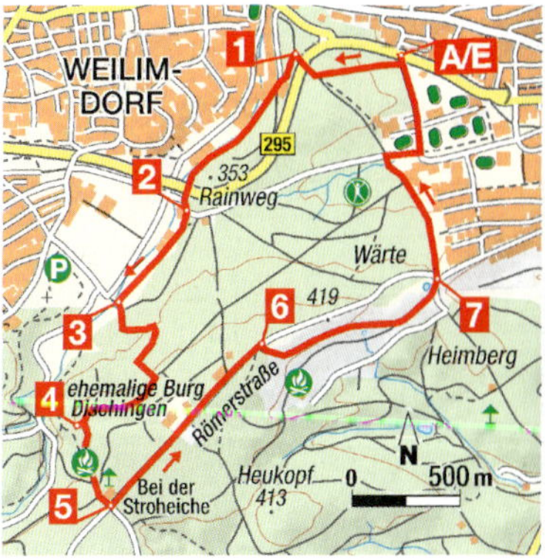

Der Weg geht in den Hohewart-Brunnenweg über und bringt uns zu einer kleinen Grünanlage mit dem Brunnen. Gleich danach passieren wir Haus Nr. 195 und biegen links ab in den **Pflastersteig** 7. Dieser fällt, anfangs auf Kopfsteinpflaster, steil ab. Vor einer Schranke biegen wir rechts ab und gehen rechts am Sportplatz entlang, bis links die Straße Am Sportpark abgeht. Auf ihr wandern wir zurück zum Ausgangspunkt.

Mitten im Wald liegt die Ruine Dischingen.

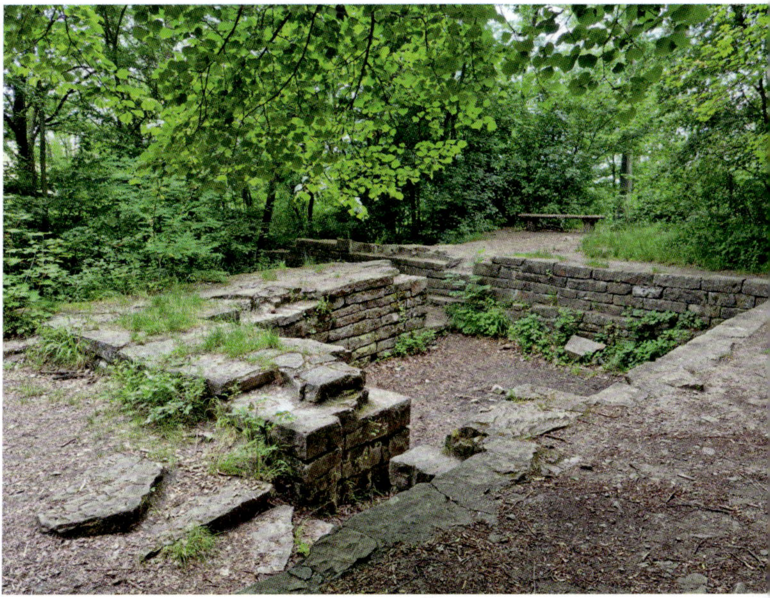

8 Durch die Fellbacher Weinberge

Entlang des Kappelbergs

leicht | 6,7 km | 75 Hm | 1.45 Std.

Tourencharakter: Die Tour verläuft auf festen Wegen.

Ausgangs-/Endpunkt: Fellbach, Untertürkheimer Str. 33, Parkplatz Alte Kelter

Anfahrt: Bus & Bahn: Bus bis Fellbach, Haltestelle Alte Kelter; Auto: B14 nach Fellbach, dann in der Rommelshauser Straße und danach in der Burgstraße durch die Stadt, GPS: 48.800970, 9.272418

Einkehr: Fellbach

Kinderwagen: Feste Wege, daher gut geeignet

Karten: Wanderkarte W220 Welzheim, 1:25000, Landesamt für Geoinformation und Landentwicklung Baden-Württemberg (LGL) in Zusammenarbeit mit dem Schwäbischen Albverein e.V.; Wanderkarte mit Radwegen Stuttgart Nordost Blatt 52-541, 1:25000, NaturNavi

Information: www.fellbach.de

Wir wandern zunächst am Fuß des Kappelbergs durch die Fellbacher Weinberge, zwischendurch auch durch Baumwiesen, Gartengrundstücke und Felder. Dabei haben wir einen schönen Blick zum Kappelberg und auf die andere Seite über das Remstal zu den Ausläufern des Schwäbischen Waldes.

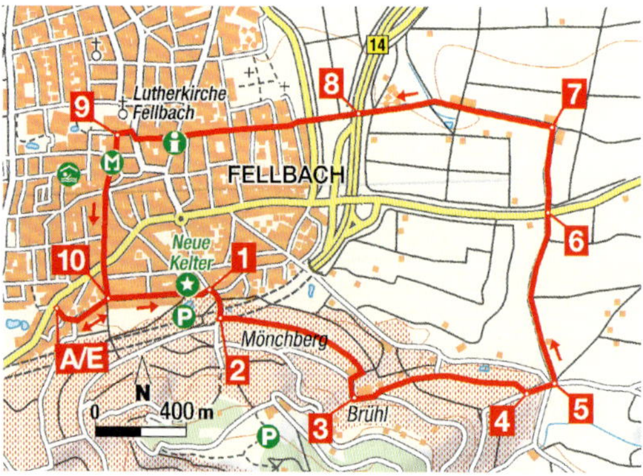

Von der Alten Kelter zum Kappelberg Wir folgen zu Beginn der Wanderung ab der Alten Kelter eine Weile dem Kelterweg, bis wir linker Hand auf das Gebäude der Fellbacher Weingärtner e.G. stoßen. Am rechten Straßenrand gibt es hier ebenfalls Parkmöglichkeiten. Dort biegen wir am Schild **Neue Kelter Kappelbergstraße** (319 m) ❶ rechts ab und verlassen den Ort. Interessant zu wissen: Hier befinden wir uns über dem Kappelbergtunnel der B14.
Bei nächster Gelegenheit biegen wir beim Brunnen und dem Schild **Mönchberg Nord** (324 m) ❷ links

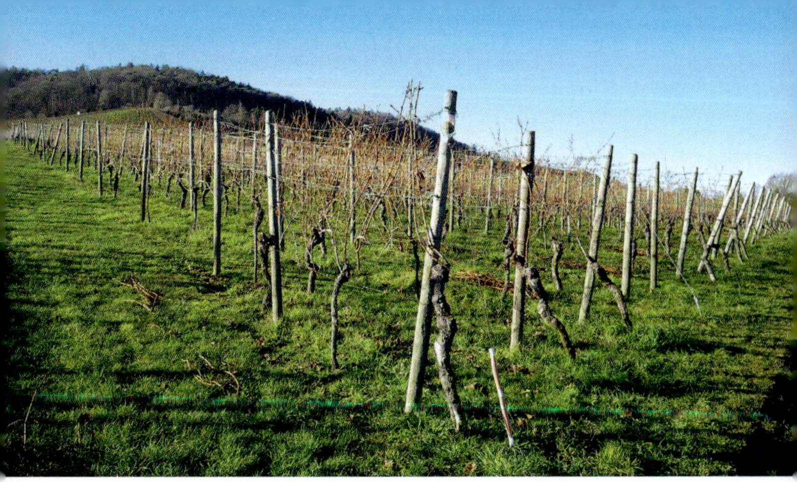

ab. Nun wandern wir eine Zeitlang durch die Weinberge, wobei wir nach rechts zum Kappelberg und nach links zu den Höhen der Ausläufer des Schwäbischen Waldes hinter dem Remstal sehen.

Herbstlicher Blick hinauf zu den Wäldern am Kappelberg

Durch die Weinberge Der Weg steigt nun immer mäßig an. An einem Querweg biegen wir rechts ab, am nächsten links. Hier sollten wir rechts das alte Unterstandshaus von 1832 beachten. Nun verlassen wir vorerst die Weinberge und wandern zwischen Kleingärten und Baumwiesen weiter. Der Weg fällt jetzt wieder. Wir halten uns bald links 3, ebenso an der nächsten Verzweigung.

Wir wandern nun wieder durch Weinberge, überqueren einen Weg und kommen zu einer **Kreuzung** 4, an der wir uns links orientieren und hinab zu einer **Kreuzung mehrerer Wege** 5 gelangen. Wir nehmen den dritten Weg von links, der auch als Anfahrtsweg zum hier gelegenen Parkplatz dient.

Baumwiesen, Weinberge und Kleingärten bestimmen das Landschaftsbild dieser Tour.

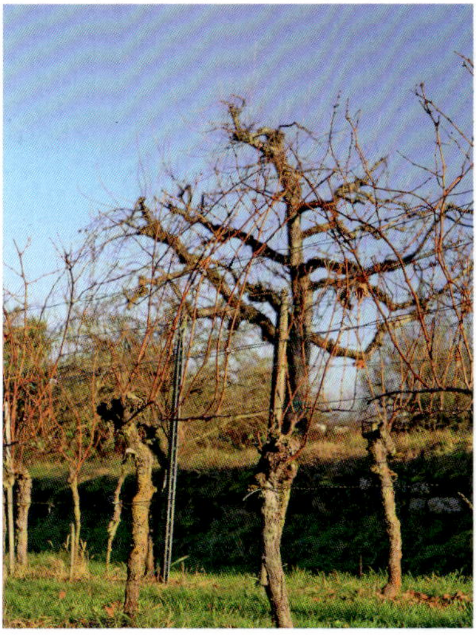

Hier wurde eine alte
Presse umgewidmet.

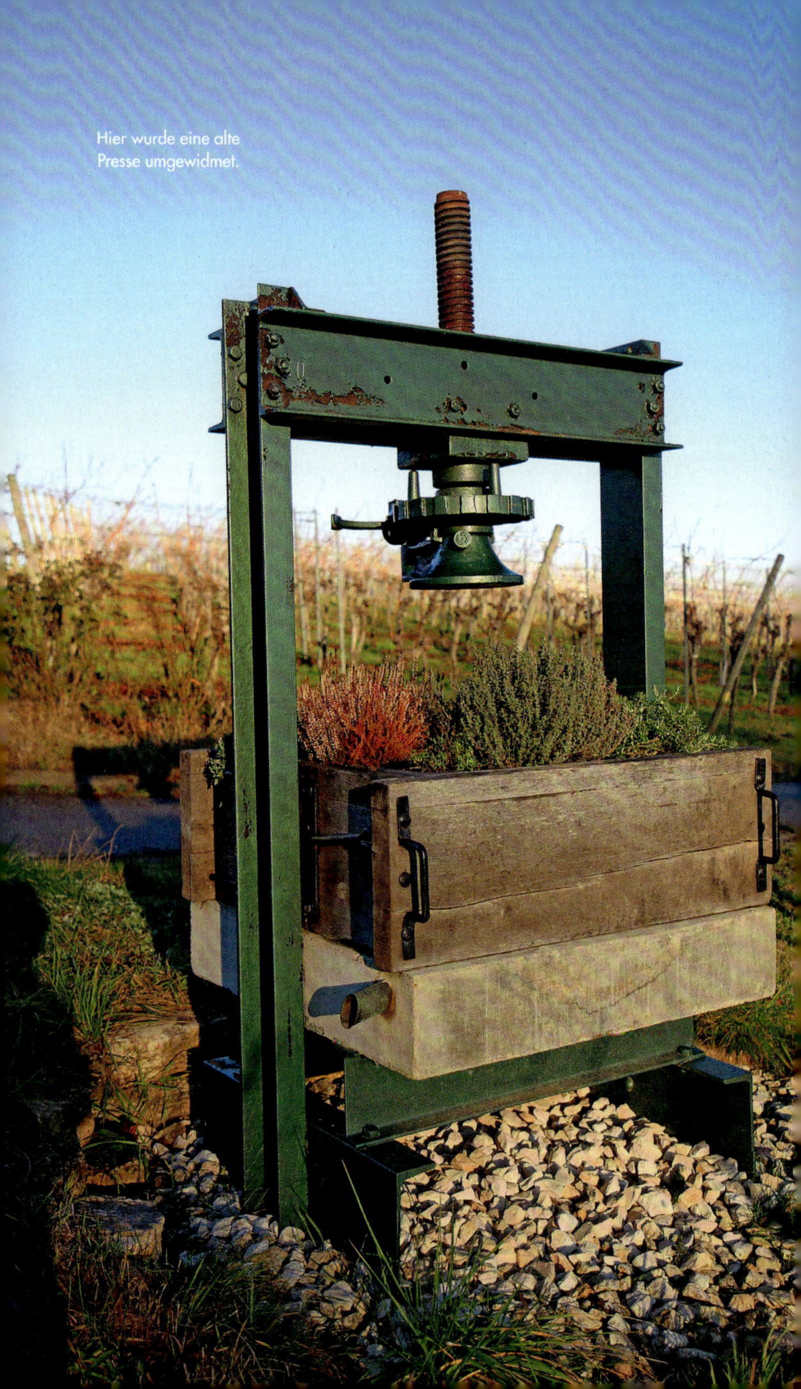

Zurück zwischen Wiesen und Feldern Auf diesem Weg wandern wir zur querenden **Rommelshauser Straße** 6. Auf ihrer anderen Seite geht es geradeaus weiter bis zu einem Lagerschuppen auf der rechten Seite und einem **kleinen Haus** 7. Nach ihm biegen wir links ab. Nun wandern wir immer geradeaus, überqueren zunächst die **B14** 8 und danach die Bühlstraße und gehen dann in der Pfarrstraße bis zur querenden Cannstatter Straße. Etwas nach rechts versetzt geht es kurz geradeaus weiter, bis links die **Hintere Straße** 9 abgeht.

Sie führt uns durch das alte Fellbach bis zur querenden Untertürkheimer Straße. Nach ihr folgen wir geradeaus gehend der Bergstraße bis zum **Kelterweg** 10. Nach rechts geht es auf bekanntem Weg zurück zum Ausgangspunkt.

Unterhalb des Kappelbergs wandern wir im Flachen.

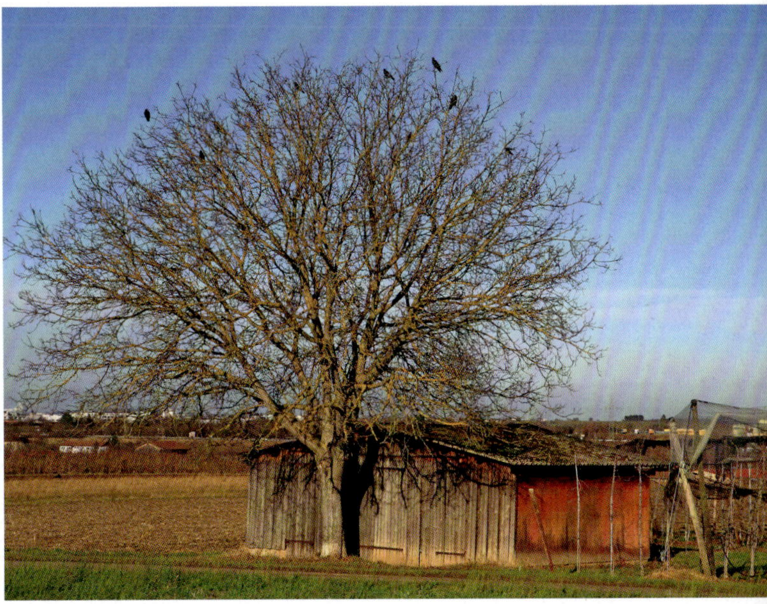

9 Von Stetten über Strümpfelbach nach Endersbach

Eine Ruine und viele Weinberge

mittel | 7 km | 80 Hm | 1.50 Std.

Tourencharakter: Die Tour verläuft auf festen Wegen.

Ausgangspunkt: Kernen im Remstal-Stetten, Schlossstraße

Endpunkt: Weinstadt-Endersbach, S-Bahnstation

Anfahrt: Bus & Bahn: Anreise mit dem Bus bis Stetten, Haltestelle Diakonie, oder Stetten, Haltestelle Stettener Bank; Rückfahrt mit dem Bus ab Haltestelle Strümpfelbach Traube oder mit der S-Bahn ab Endersbach

Einkehr: Stetten, Endersbach

Kinderwagen: Wir wandern auf festen Wegen, sie sind durchgehend kinderwagengeeignet. Allerdings steigt es von Stetten zur Y-Burg kurz steil an, danach geht es nur noch abwärts oder eben weiter.

Karten: Wanderkarte W220 Welzheim, 1:25000, Landesamt für Geoinformation und Landentwicklung Baden-Württemberg (LGL) in Zusammenarbeit mit dem Schwäbischen Albverein e. V.; Wanderkarte mit Radwegen Blatt 52-541, Stuttgart Nordost, 1:25000, NaturNavi

Information: www.remstal.de

Diese Gesundheitsrunde findet in den Weingebieten des Remstals zwischen Stetten, Strümpfelbach und Endersbach statt – drei Orte, die sowohl bei Weinliebhabern wie auch Freunden alter Baukunst wohlbekannt sind. Außer einem Anstieg zur Ruine der Yburg verläuft sie fast eben.

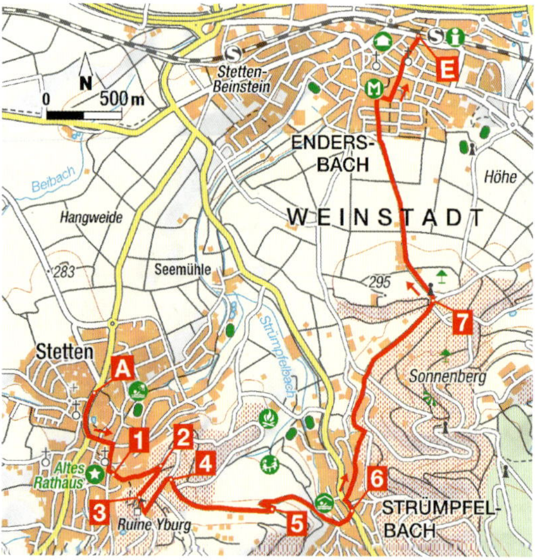

Durch Stetten zur Ruine Hinter dem Ausgangspunkt der Wanderung, der Bushaltestelle Diakonie, liegt die Diakonie Stetten, in der Menschen mit Behinderung leben. Wir gehen ab dort in der Schlossstraße, die bald zur Klosterstraße wird, in Richtung Zentrum. Dann folgen wir der Klosterstraße bei ihrem Linksknick und kommen zur Bushaltestelle Stettener Bank. Wer die Tour ein wenig verkürzen will, kann auch erst hier starten.

Wir halten uns am Kreisverkehr rechts und erreichen die **Kirche** ❶, schon vor ihr kann man sich an einem Brunnen mit lustigen Figuren erfreuen. Anschließend orientieren wir uns in Richtung »Strümpfelbach« links und folgen der Steigstraße. Vorbei am Bierkeller bringt sie uns steil ansteigend aus dem Ort hinaus. Oben angelangt, sollten wir zuerst die wunderbare Aussicht hinab nach Stetten, über die Weinberge und ins Remstal genießen. Haben wir das ausgiebig getan, zweigen wir rechts ab ❷ und sind bald bei der **Ruine Yburg** ❸.

Yburg

Der eigentümliche Name der einst wohl Eibenberg genannten Yburg geht auf das Wort »Eibe« zurück. Abgesehen von den Außenmauern ist nicht mehr viel erhalten, dafür kann man sich an den fantasiereichen Skulpturen des Strümpfelbacher Bildhauers Karl Ulrich Nuss erfreuen.

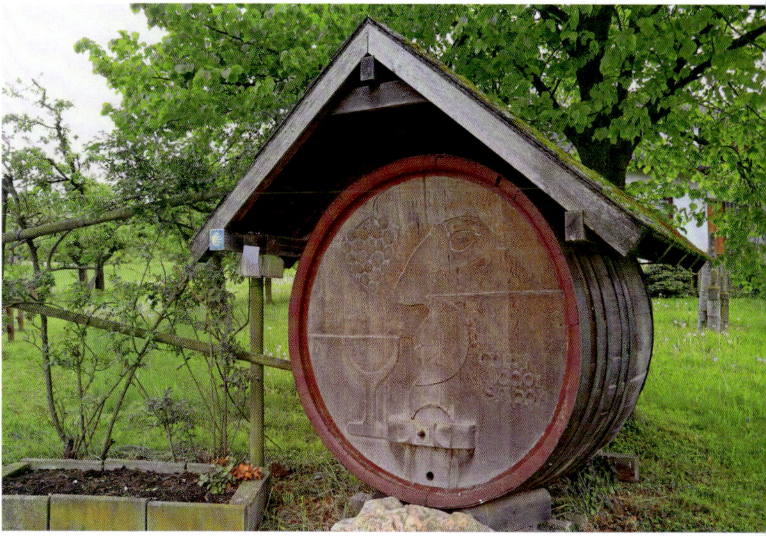

Altes Weinfass mit humorvoller Schnitzerei

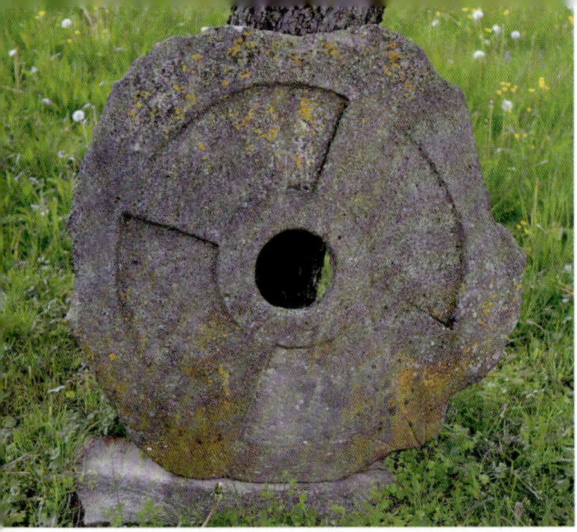

Der alte Mühlstein erinnert an frühere Zeiten.

Rechte Seite: ein Kunstwerk des Strümpfelbacher Bildhauers Karl Ulrich Nuss

Die Ruine Yburg ist eine berühmte Landmarke.

Hinab nach Strümpfelbach

Wir gehen links an der Ruine vorbei, halten uns kurz rechts und orientieren uns am nächsten Abzweig mit den Wanderzeichen »Württembergischer Wein-Wanderweg« und dem blauen Punkt links. Kurz danach weist uns das Schild »Fußweg nach Strümpfelbach« nach rechts **4**. Wir wandern zwischen Reben und Streuobstwiesen geradeaus weiter, wobei wir einen prächtigen Blick auf die Weinberge haben. Schließlich wenden wir uns an einer scharfen Kurve, dem Fahrverbotsschild und dem **Wanderzeichen** **5** nach links. Es folgt eine Rechtskurve, dann fällt der

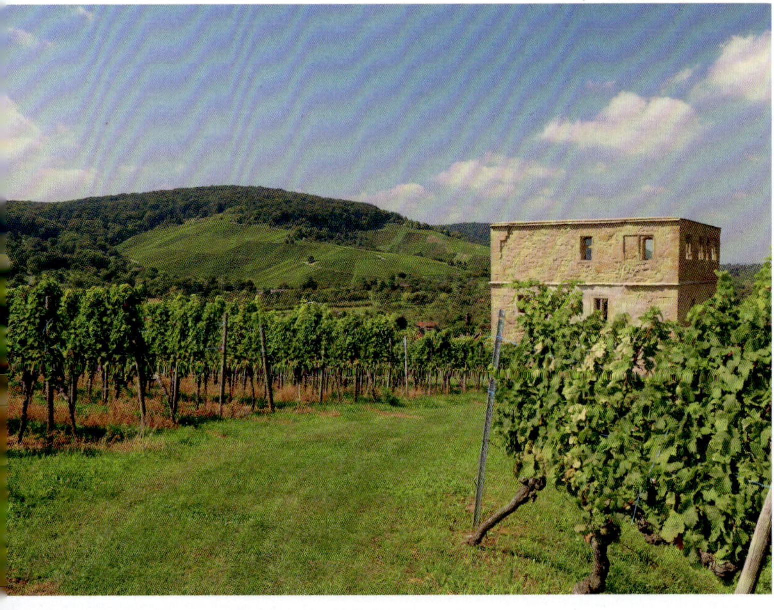

Weg ab nach Strümpfelbach. Dort halten wir uns an den Kirschblütenweg, passieren die Gemeindehalle und kommen zur Hauptstraße. An der **Bushaltestelle Traube** 6 könnte man jetzt die Tour beenden.

Weiter nach Endersbach Ansonsten wandern wir etwas weiter, dann nehmen wir die rechts abgehende Endersbacher Straße, die durch ein Wohngebiet verläuft. Nach Haus Nr. 36 folgen wir dem Radwegschild nach rechts. Wir lassen die Häuser hinter uns und richten uns an der folgenden Verzweigung vor weiteren Gebäuden am Radwegschild nach »Beutelsbach«. Etwas später passieren wir das Gebäude der Weingärtnergenossenschaft, dann kommen wir zum interessanten **Käppele** 7.

Wir gehen links am Käppele vorbei, ebenso an den im Anschluss folgenden Höfen. Interessant auf dem Weiterweg sind in einem Garten zwei alte Mühlsteine sowie die Grubbank beim Wasserbehälter. Bald erreichen wir den Ortsrand von Endersbach und den Friedhof. Jetzt folgen wir dem Weinbergweg, der uns in den Ort hineinbringt. Wir gehen bis zur querenden Schafgasse, an der wir uns rechts halten. Gleich darauf biegen wir links in die Theodor-Heuss-Straße ein und gelangen bald zum Bahnhof Endersbach.

Käppele

In dieser ehemaligen Kapelle am Jakobsweg – siehe die Jakobsmuschel an der südlichen Stirnseite des Gebäudes – gibt es einen offenen Bücherschrank. Ebenso kann man im Sinn des »Book-Crossing« auch eigene Bücher einstellen (Infos unter www.bookcrossing.com). Wer hier lesen will, setzt sich auf den »Roten Teppich«. Er gehört zu der Serie »Sitz-Objekte für Lesen mit Aussicht«, die während der 33. Baden-Württembergischen Literaturtage 2016 von Studenten der Staatlichen Akademie der Bildenden Künste Stuttgart geschaffen wurde.

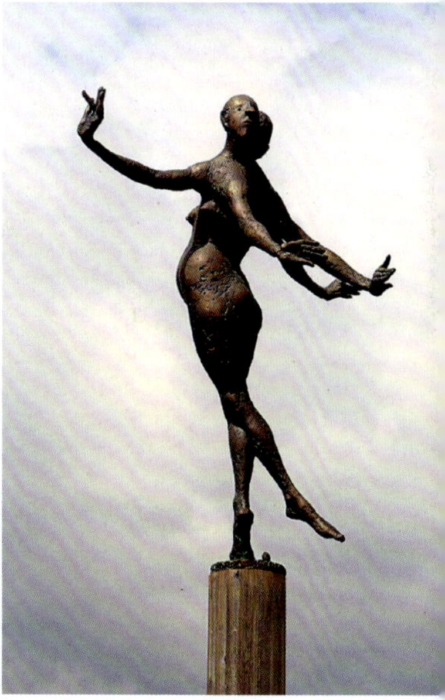

10 Von Rotenberg zum Kappelberg

Aussicht über Weinberge

leicht | 6,4 km | 100 Hm | 1.45 Std.

Tourencharakter: Die Wanderung verläuft auf asphaltierten und geschotterten Wegen; wer sich für einen Abstecher zur Grabkapelle entscheidet, sollte dafür etwa 20 Minuten einplanen. Die Tour verlängert sich dann um einen Kilometer und bringt rund 30 zusätzliche Höhenmeter mit sich.

Ausgangs-/Endpunkt: Stuttgart-Rotenberg

Einkehr: Rotenberg

Kinderwagen: Möglich, da feste Wege

Karten: Wanderkarte W220 Welzheim, 1:25 000, Landesamt für Geoinformation und Landentwicklung Baden-Württemberg (LGL) in Zusammenarbeit mit dem Schwäbischen Albverein e.V.; Wanderkarte mit Radwegen Stuttgart Nordost Blatt 52-541, 1:25 000, NaturNavi

Rotenberg mit seinen Weinbergen, der Aussicht und dem Erholungsgebiet Egelseer Heide ist bei den Stuttgartern ein überaus beliebtes Ziel. Wenn man mit dem ÖPNV anreist, stört das aber nicht: Dann kann man die Schönheiten der Natur stressfrei genießen.

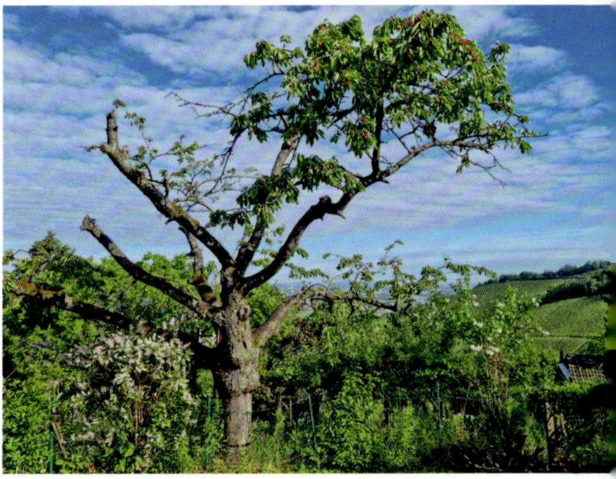

Durch Gärten und Weinberge zum Kappelberg Wir folgen ab der Bushaltestelle Rotenberg und dem Wanderschild Stettener Straße (426 m) der Stettener Straße ortsauswärts. Sie steigt immer etwas an, wir verlassen Rotenberg und haben danach einen ersten prächtigen Blick nach rechts hinab nach Uhlbach und über das Neckartal zur Filderebene.

Nach dem Ort kommen wir nach einer Schranke zu einem Parkplatz. Wir passieren das letzte Haus und zweigen links ab in den mit einem Fahrverbotsschild

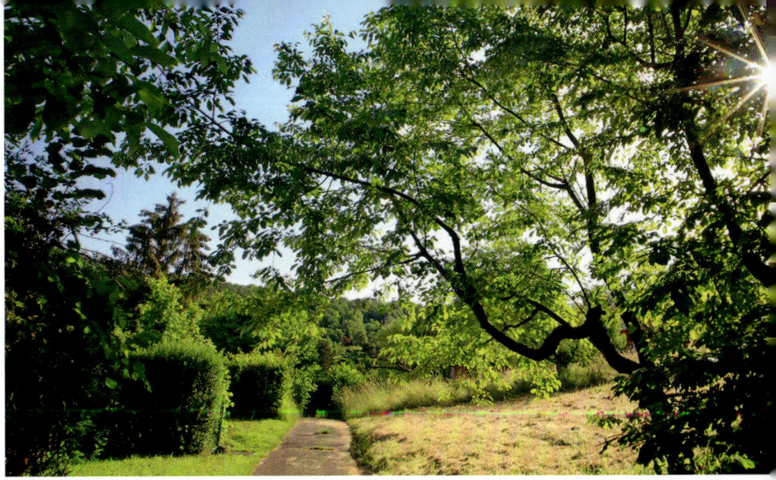

markierten Weg ❶. Ab jetzt wandern wir vorübergehend zwischen Kleingärten. Dabei bietet sich nach links immer wieder ein schöner Blick. An der ersten Verzweigung folgen wir dem Asphaltweg nach rechts. Schließlich kommen wir in den Wald. Erst steigt unser Weg noch kurz an, gleich danach biegen wir an einer Art Verkehrsdreieck und beim Wanderschild **Hinterer Berg** (454 m) ❷ links ab. Nun geht es schon wieder bergab. Wir behalten unsere Richtung bei und verlassen bald den Wald wieder. Jetzt haben wir nach links einen schönen Blick über die Weinberge.

Von Rotenberg aus führt der Weg durch eine Mischung aus Kleingärten, Weinbergen und Wald.

Linke Seite: Hinter den Kleingärten kann man schon den langgestreckten Kappelberg erkennen.

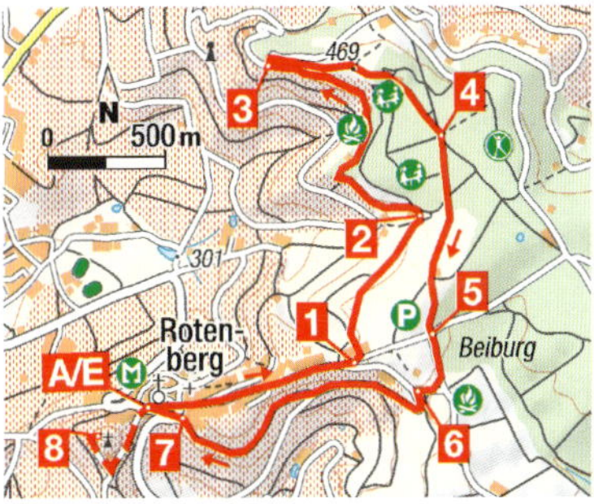

Anfahrt

Bus & Bahn: Bus bis Haltestelle Rotenberg; Auto: B14 und B10 nach Untertürkheim, dort ab dem Bahnhof über die Strümpfelbacher Straße, danach über die Württembergstraße hinauf nach Rotenberg, GPS: 48.783318, 9.271068; einen Parkplatz findet man am Ende der Stettener Straße an der Egelseer Straße. Er ist aber an schönen Tagen stark frequentiert. Außerdem ist an Wochenenden eine recht hohe Parkgebühr zu entrichten. Eine Anfahrt mit dem Bus ist also zu empfehlen.

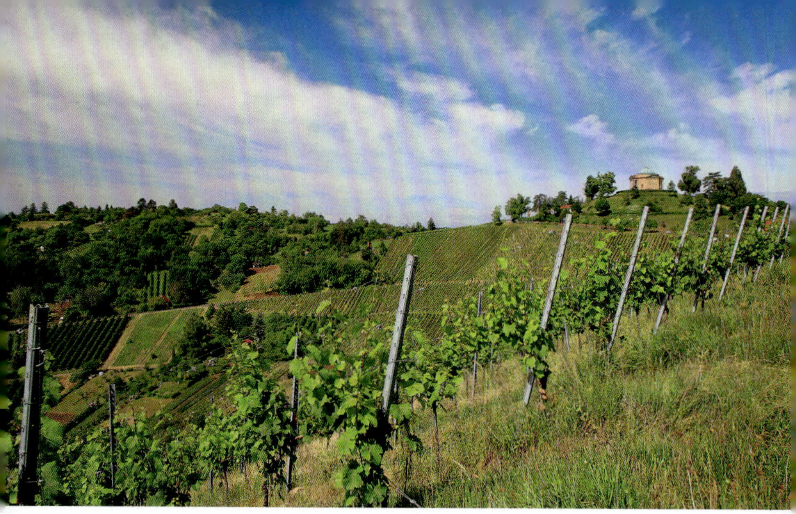

Blick zur Grabkapelle

Durch den Wald zur Egelseer Heide Bevor der Weg wieder abfällt, wandern wir nach den Bänken nach rechts in Richtung **Wald** ❸. Dort steht das Wanderschild Kappelberg (453 m). Wir biegen aber noch davor in den ersten rechts abgehenden Weg ab. Er steigt sanft an, dann wandern wir oberhalb der Weinberge und weiter mit herrlichem Blick bis zum Wald. Dort gehen wir an der Verzweigung beim Schild Kappelberg Hasenholz (472 m) links weiter. Kurz danach kann man nach links auf einem Pfad zum Grillplatz gelangen.

Wir wandern bald an einem Unterstand und Trimm-dich-Einrichtungen vorbei, dann erreichen wir das **Esslinger Tor** ❹ mit dem »Pilzbaum«. Hier nehmen wir an der Verzweigung den rechten Weg. An der nächsten Kreuzung mit Trimm-dich-Geräten gehen wir geradeaus weiter und verlassen kurz darauf den Wald.

Nun wandern wir zwischen Wiesen und Kleingärten. Bald verlassen wir den Wald, dann passieren wir eine gemauerte Schutzhütte und kommen schließlich zu einer **Schranke** ❺. Hier kann man die Tour abkürzen, indem man nach rechts in der Stettener Straße zurückgeht.

Über die Egelseer Heide und durch Weinberge Ansonsten wandern wir geradeaus weiter und aus dem Wald hinaus. Gleich darauf sind wir im Erholungsgebiet Egelseer Heide. Bei der nächsten Abzweigung halten wir uns rechts und wandern an einem Spielplatz vorbei. Nach dem Spielplatz und den Sperrpfosten treffen wir vor den Weinbergen auf den querenden **Karl-Münchinger-Weg** 6. Wir biegen links ab, danach beschreibt der Weg eine scharfe Rechtskurve. Nun fällt der Weg sanft ab, dann entscheiden wir uns an der nächsten Verzweigung für den rechten, nun wieder etwas ansteigenden Weg, der uns zurück nach Rotenberg führt. Wir überqueren die Markgräfler Straße und wählen danach den schmalen **Fußgängerweg** 7, der uns zu einer Aussichtsterrasse bringt. Rechts davon liegt unser Ausgangspunkt mit der Bushaltestelle.
Wer noch zur **Grabkapelle** 8 aufsteigen will, folgt hier nach links der Württemberger Straße. Sie führt uns in wenigen Minuten hinauf zu der Begräbnisstätte der beliebten Königin Katharina, der jung verstorbenen Ehefrau des Königs Wilhelm I. von Württemberg.

Von Rotenberg bietet sich ein schöner Blick hinab nach Uhlbach.

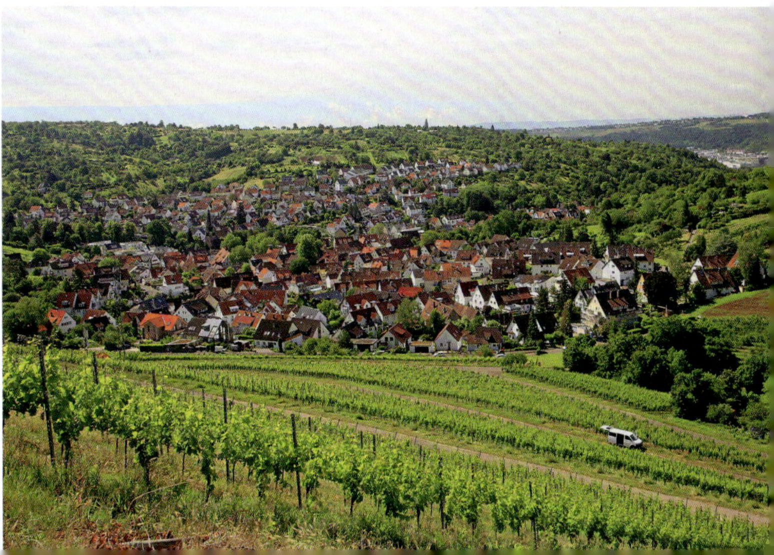

11 Von Uhlbach nach Rotenberg

Durch Weinberge und Wald

mittel | 6,4 km | 190 Hm | 1.50 Std.

Tourencharakter: Die Wanderung verläuft auf asphaltierten Wegen.

Ausgangs-/Endpunkt: Stuttgart-Uhlbach, Uhlbacher Platz, vor der Kelter

Einkehr: Uhlbach, Rotenberg, Waldschenke 7 Linden

Kinderwagen: Die Wege sind kinderwagengeeignet, am Anfang wartet jedoch ein steiler Anstieg, am Schluss geht es ein Stück steil bergab.

Karten: Wanderkarte W220 Welzheim, 1:25 000, Landesamt für Geoinformation und Landentwicklung Baden-Württemberg (LGL) in Zusammenarbeit mit dem Schwäbischen Albverein e. V.; Wanderkarte mit Radwegen Stuttgart Nordost Blatt 52-541, 1:25 000, NaturNavi

Die Gegend zwischen Uhlbach und Rotenberg ist nicht nur wegen des Weinmuseums und des Fachwerkrathauses in Uhlbach sowie der Grabkapelle auf dem Württemberg interessant, sondern auch wegen der herrlichen Aussicht, die man auf dieser Wanderung hat.

Hinauf zur Grabkapelle Von der Bushaltestelle sind es nur wenige Schritte zum Uhlbacher Platz. Hier halten wir uns links und folgen beim prächtigen Fachwerkrathaus der Markgräfler Straße aufwärts in Richtung Rotenberg. Nach den Häusern werden wir mit den Zeichen roter Balken und Traube des Württembergischen Wein-Wanderwegs nach links verwiesen. Nun steigt es kurzfristig steil an, bis wir vor dem unteren Gebäude der Grabkapelle auf dem Württemberg stehen. Wer sie noch nicht kennt, sollte den Weg zu ihr hinauf nicht scheuen. Man hat von unterwegs oder von oben eine prächtige Aussicht, und auch die **Kapelle** (1) ist sehenswert.

Zur Egelseer Heide Danach kommen wir wieder zurück und folgen der Württembergstraße in den Ort hinein. Wenn man nicht zur Kapelle geht, wandert man gleich auf dem nach rechts ziehenden Fußweg weiter. Er mündet bald nach links ebenfalls in die Württembergstraße, die uns ins Zentrum von Rotenberg bringt.

Dort halten wir uns am Schild **Rotenberg Stettener Straße** (426 m) (2) rechts, zweigen aber gleich nach dem nächsten Haus rechts ab und kommen zu einem

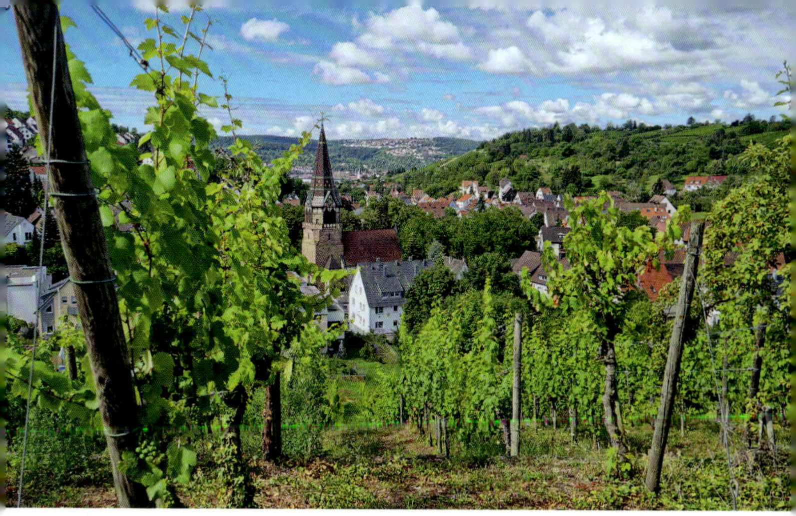

Blick auf Uhlbach

Aussichtsbalkon, der uns einen prächtigen Blick über die Weinberge und hinab nach Uhlbach bietet. Ein schmaler Pfad führt uns zur Markgräflerstraße (rechts)/Blasiusweg (links). Wir gehen kurz nach links, dann zweigen wir rechts ab und wandern auf dem Blasiusweg immer am oberen Rand der Weinberge. Hier hat man ständig eine schöne Aussicht, über die Weinberge zur Grabkapelle oder hinab nach Uhlbach und weiter übers Neckartal zum Fernsehturm und zur Filderebene, hinter der sich die Schwäbische Alb erhebt.

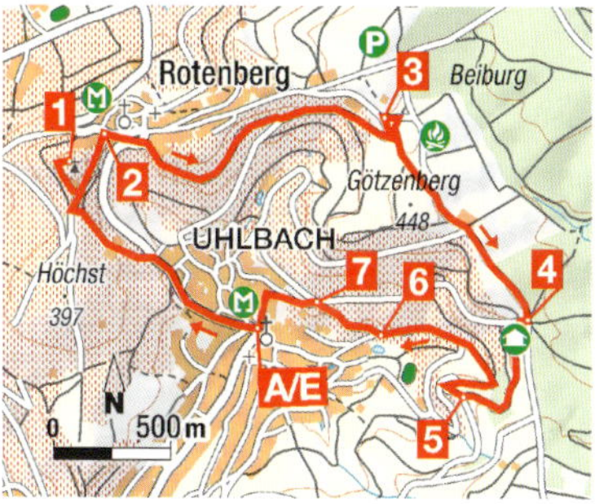

Anfahrt

Bus & Bahn: S-Bahn bis Haltestelle Untertürkheim, dann Bus bis Haltestelle Uhlbach; Auto: B14 und B10 über Stuttgart-Untertürkheim nach Stuttgart-Uhlbach. Am Uhlbacher Platz oder den umliegenden Straßen findet man Parkmöglichkeiten. Ein alternativer Ausgangspunkt ist der Parkplatz Egelseer Heide in Rotenberg. Dann beginnt man die Wanderung dort. Dieser Parkplatz ist an schönen Wochenendtagen jedoch überlaufen und gebührenpflichtig, sodass eine Anfahrt mit dem Bus empfehlenswert ist.
GPS: 48.776092, 9.279081

Schließlich erreichen wir nach einer Linkskurve das **Erholungsgebiet Egelseer Heide** ❸. Hier halten wir uns kurz links zum Anfang des Karl-Münchinger-Wegs, dann gehen wir nach rechts und orientieren uns gleich wieder rechts.

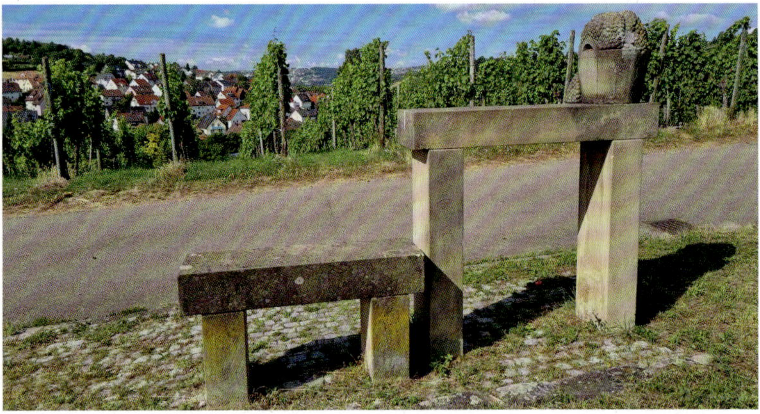

Erinnerung an alte Grubbänke, die zum Ausruhen dienten. Das Fass mit den Weintrauben weist auf den hiesigen Weinbau hin.

Über die Waldschenke 7 Linden nach Uhlbach

Nun wandern wir immer geradeaus und kommen am Schutzhaus Götzenberg vorbei. Da, wo unser Weg in einen anderen einmündet, behalten wir unsere Richtung bei. Bald passieren wir die Schutzhütte Käppeleshau. Vor dem Wald zweigt links ein schmaler Pfad ab. Wir können auf diesem wandern oder wir bleiben auf dem breiten Weg. Beide bringen uns zum Schild **Uhlbach Käppeleshau** (405 m) ❹, wo auch die Waldschenke 7 Linden zur Rast einlädt.

Wer abkürzen will, hält sich hier rechts und wandert auf dem Württembergischen Wein-Wanderweg zurück nach Uhlbach. Unser Weg führt uns sonst rechts des Gebäudes weiter, erst zwischen eingezäunten Kleingärten hindurch, dann in den Wald. Hier fällt das Gelände ab. Am **Querweg nach dem Wald** ❺ werden wir mit dem Wanderzeichen blauer Balken nach rechts verwiesen. Es geht ein Stück bergab, dann erreichen wir auch schon den Bankplatz Finsterklinge, wo Tisch und Bänke zur Rast einladen. Danach folgt eine scharfe Rechtskurve und wir gehen

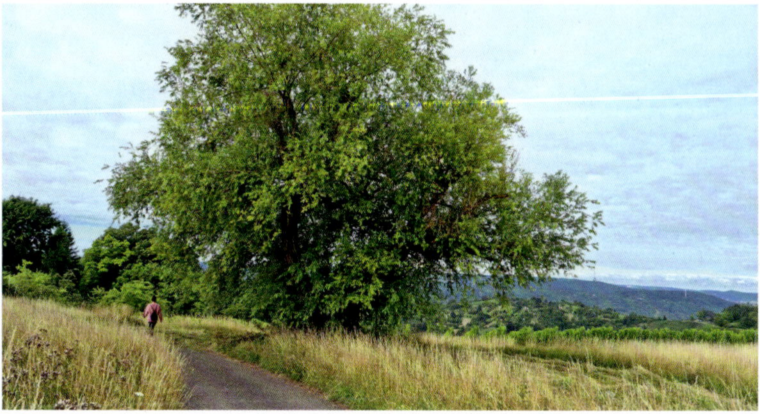

Am Rand der Egelseer Heide

hinab bis vor den Waldrand. Dort biegen wir links ab in den zweiten Weg von rechts.

Er bringt uns zwischen Weinbergen hinab bis vor die ersten Häuser von Uhlbach. Dort halten wir uns an der **Verzweigung** 6 rechts, nun steigt der Weg wieder ein wenig an. Bald kommen wir zum Rastplatz Sandweg. Hier sehen wir eine alte Presse und eine Grubbank mit einem in Stein gehauenen Aufsatz, der an den hiesigen Weinbau erinnert. Wir wandern geradeaus weiter bis zur nächsten **Kreuzung** 7, an der ein mächtiger Felsbrocken steht. Hier gehen wir nach links bergab, werden aber mit dem Wanderzeichen blauen Balken bald nach links auf einen Weg mit Kopfsteinpflaster verwiesen. Auf ihm kommen wir ins Wohngebiet von Uhlbach, wo wir nach links hinab bis zum Uhlbacher Platz wandern.

12 Vom Schloss Solitude nach Weilimdorf

Lustschloss, Wald und ein Wiesental

leicht 6,5 km 20 Hm 1.45 Std.

Tourencharakter: Die Wanderung verläuft meist auf festen Wegen, nur zweimal kurz auf einem Pfad.

Ausgangpunkt: Schloss Solitude

Endpunkt: Stuttgart-Weilimdorf

Anfahrt: Bus & Bahn: Hin mit dem Bus bis Haltestelle Solitude, zurück mit der Stadtbahn ab Haltestelle Landauer Straße

Einkehr: Solitude, Weilimdorf

Kinderwagen: Wegen der Abschnitte auf einem Pfad eher ungeeignet

Karten: Wanderkarte W228 Stuttgart, 1:25000, Landesamt für Geoinformation und Landentwicklung Baden-Württemberg (LGL) in Zusammenarbeit mit dem Schwäbischen Albverein e.V.; Wanderkarte mit Radwegen Stuttgart Nordwest Blatt 50-541, 1:25000, NaturNavi

Vom prächtigen Schloss Solitude, Ziel vieler Ausflüge und Wanderungen in Stuttgart, wandern wir durch den Wald. Später geht es durch das schöne Tal des Lindenbachs hinab nach Weilimdorf.

Durch den Wald zum Hasenbrünnele Wir gehen von der Bushaltestelle aus zu dem Weg, der unterhalb des Schlosses rund um selbiges durch die Wiese führt. Etwa zentral vor dem Schloss verläuft ein Weg hinab zu einem kleinen Sträßchen. Von hier fällt eine breite Schneise zwischen den Waldstücken steil ab. Wir gehen in der **Ludwigsburger Allee** 1 vom rechten Waldrand aus hinab, bis wir links einen Grillplatz

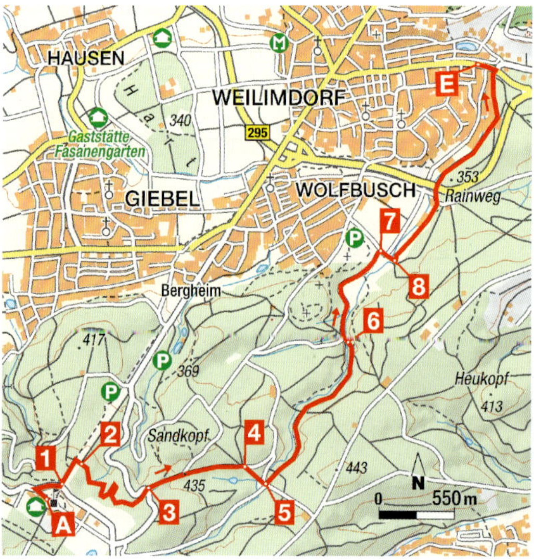

sehen. Hier biegen wir an der querenden **Schlösslesallee** 2 rechts ab und folgen ihr sanft ansteigend in vielen Windungen. Schließlich werden wir mit dem Wanderzeichen rotes Kreuz nach links auf einen Pfad verwiesen. Am nächsten querenden Pfad biegen wir links ab und kommen zur **Bergheimer Steige** 3. Diese überqueren wir und wandern in der Saufangallee geradeaus weiter. Auch an der nächsten Kreuzung behalten wir unsere Richtung bei, bis ein **mit dem blauen Kreuz markierter Weg** 4 kreuzt. Ihm folgen wir nach rechts, überqueren den Lindenbach und gehen bis zur nächsten Kreuzung. Hier biegen wir in den zweiten links abgehenden Weg, das **Lindentalsträßchen** 5, ein. Diesem folgen wir nun eine ganze Weile, immer rechts des Lindenbachs, der teilweise in einer tief eingeschnittenen Schlucht verläuft. Unser nächster Wegpunkt ist das **Hasenbrünnele** 6.

Schloss Solitude ist ein prächtiger Bau, auch heute noch mitten in den Wäldern gelegen.

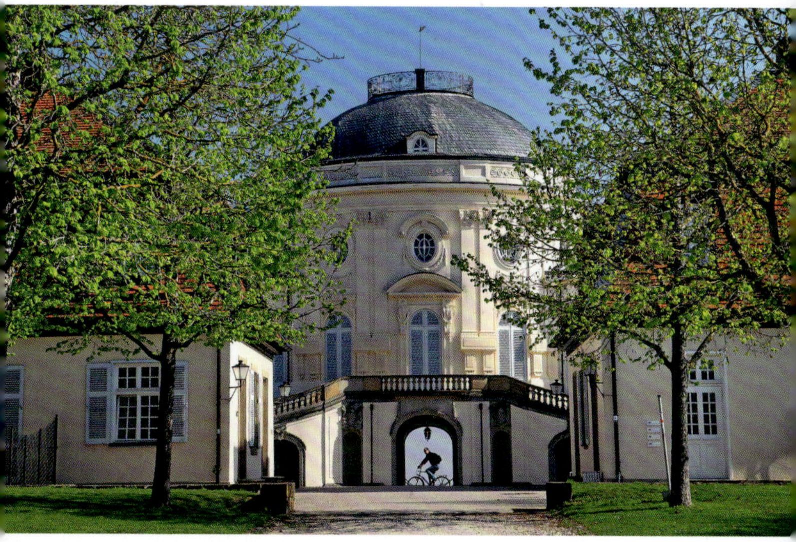

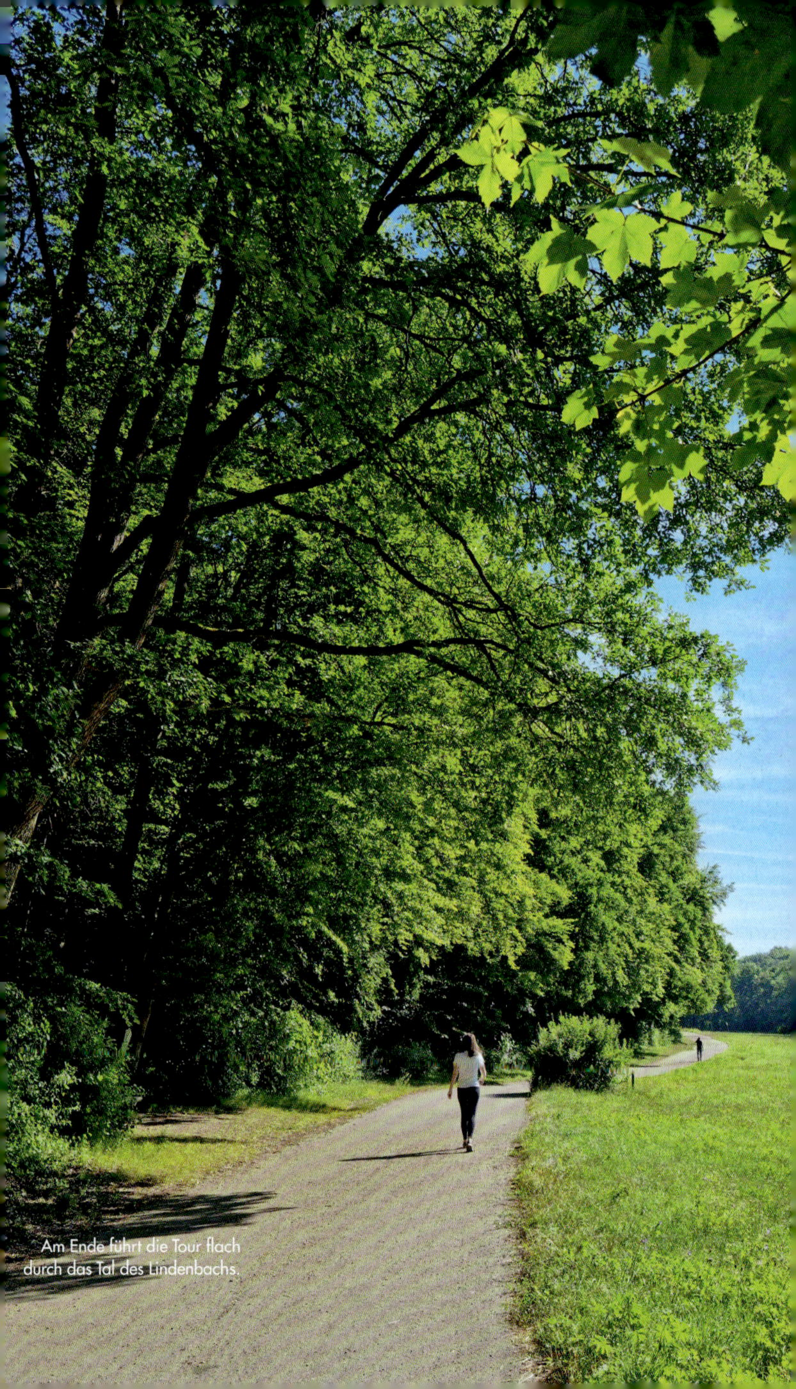

Am Ende führt die Tour flach durch das Tal des Lindenbachs.

Durch das Lindental nach Weilimdorf Hier gehen wir geradeaus weiter. Bald verlassen wir den Wald und wandern in einem breiten Wiesental. Nach einem Rechtsknick liegt links der Neue Weilimdorfer Friedhof. An dessen Ende halten wir uns rechts (7). Wir ignorieren den ersten links abgehenden Weg, überqueren den Lindenbach und biegen nach ihm links in einen Pfad ab, der durch die Wiesen verläuft (8).

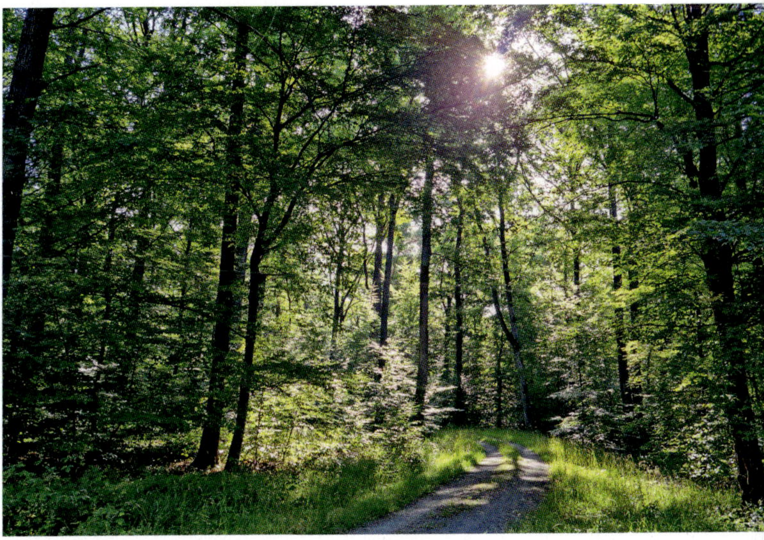

Im Wald sehen wir so manche idyllische Szene.

Nach der Wiese kommen wir an drei Waldheimen vorbei, nach dem letzten nehmen wir den Pfad, der an der Grubbank rechts vorbeiführt. Auf ihm geht es weiter entlang des Baches; wir unterqueren die B295 und wandern rechts der Bebauung im Wald, bis wir auf die Straße Lindental treffen. Ihr folgen wir bis zur querenden Pforzheimer Straße. Diese überqueren wir und gehen auf der anderen Straßenseite nach links zur Stadtbahnhaltestelle Landauer Straße.

13 Über die Solitude zum Bärenschlössle

Waldidylle im Rotwildpark

mittel | 9,3 km | 60 Hm | 2.30 Std.

Tourencharakter: Wir wandern auf festen Wegen. Wer auf die Abstecher zu Solitude und Bärenschlössle verzichtet, spart sich 5,5 km, 20 Hm und 1.30 Std.

Ausgangs-/Endpunkt: Stuttgart/Solitude

Anfahrt: Bus & Bahn: Bus bis Haltestellen Forsthaus II oder Solitude; Auto: Auf der Wildparkstraße bis Abzweig in die Bergheimer Steige, in Richtung Solitude bis zum Parkplatz Biegel. Weitere Parkplätze findet man davor und danach. GPS: 48.781704, 9.090191

Einkehr: Bärenschlössle, Solitude

Kinderwagen: Geeignet

Karten: Wanderkarte W228 Stuttgart, 1:25 000, Landesamt für Geoinformation und Landentwicklung Baden-Württemberg (LGL) in Zusammenarbeit mit dem Schwäbischen Albverein e.V.; Wanderkarte mit Radwegen Stuttgart Südwest Blatt 50-539, 1:25 000, NaturNavi

Diese Tour führt durch den prächtigen Rotwildpark südlich von Schloss Solitude. Abstecher bringen uns zum Schloss selbst und zum Bärenschlössle. Ansonsten erfreuen wir uns an markanten alten Bäumen, darunter einigen Mammutbäumen, sodass eindrucksvolle Naturerlebnisse garantiert sind.

Abstecher zur Solitude Wir nehmen den vom Parkplatz abgehenden Gerlinger Weg, der uns mit den Wanderzeichen blauer Punkt und Kreuz des Martinuswegs in den Wald bringt. Nach ein paar Minuten führt nach rechts ein Pfad hinaus auf eine Wiese. In dem Gehölz links finden wir einen schönen **Weiher** 1, auf den es sich lohnt, einen Blick zu werfen. Ansonsten folgen wir dem Wanderweg weiter bis zu einer Kreuzung mit der **Hirschallee** 2. Unterwegs können wir neben dem Weg einige Mammutbäume bewundern. Nach rechts geht es zum Schloss Solitude; wer erst nach der Tour das Lustschlösschen besichtigen will, sollte diese am besten dort beginnen. Alle anderen können jetzt nach rechts einen Abstecher zu dem sehenswerten Schloss machen.

Vorbei an der Gerlinger Höhe An der Kreuzung biegen wir mit dem Wanderzeichen rotes Kreuz links ab und überqueren die L1180/Wildparkstraße. Die Kreuzung danach ist der **Kleine Stern** 3. Hier zweigen wir halbrechts auf einen unmarkierten und nicht benannten Waldweg ab.

Bald überqueren wir einen asphaltierten Weg. Nach ihm gehen wir mit dem roten Punkt in der Küchen-

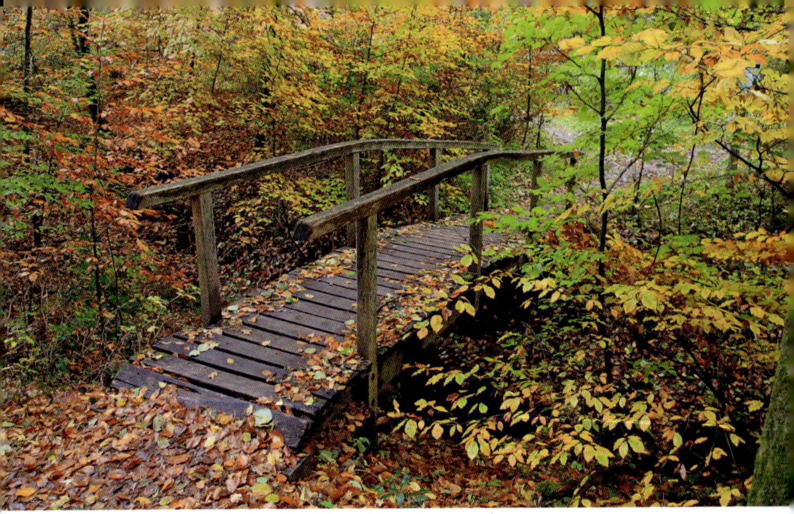

allee geradeaus weiter. Etwas später liegt rechts die **Gerlinger Höhe**, davor sehen wir eine Wiese und eine Hütte. Wir wandern aber geradeaus weiter. Wo der Radweg nach rechts abknickt, behalten wir noch kurz unsere Richtung bei, biegen allerdings dann links ab 4. Nun steigt es kurz an.

Brücke über den Bernhardsbach

Bärenschlössle

Zunächst wurde das Bärenschlössle 1768 als »Ausflugsmöglichkeit« von Schloss Solitude erbaut. Es wurde 1817 abgerissen und später durch einen einfachen Pavillon ersetzt. Im Zweiten Weltkrieg brannte es ab und wurde 1963 zweistöckig wiederaufgebaut. Nach einem weiteren Brand 1994 wurde das Bärenschlössle 1997 im alten Stil nochmals neu errichtet. Am See unten stand ein Bootshaus für zwei venezianische Gondeln, die der Herzog nebst zwei Gondolieri als »Souvenirs« von seiner Italienreise mitgebracht hatte.

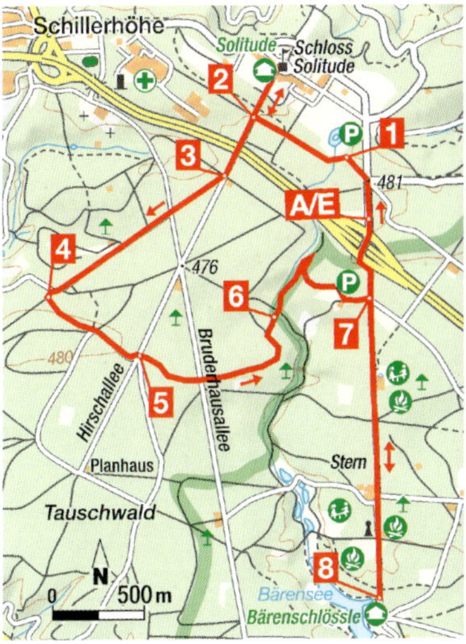

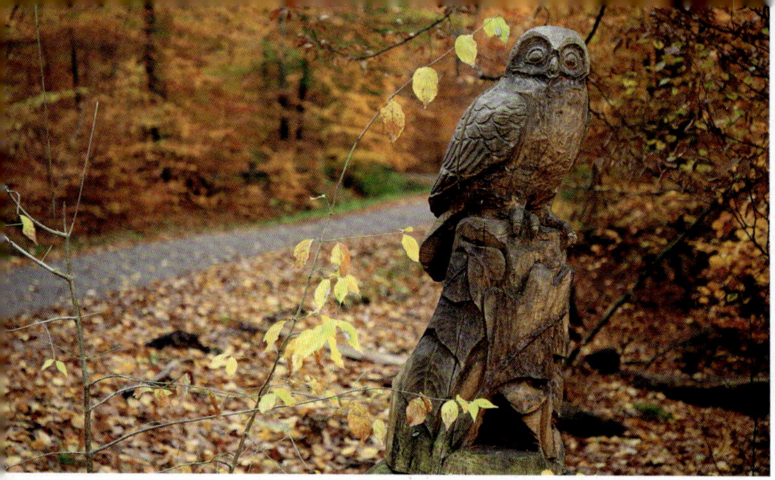

Mitten im Wald wird man von einer Eule begrüßt.

Hinab zum Bernhardsbach Der Weg zieht nach links, und bald mündet ein mit dem roten Hufeisen markierter Weg in unseren. Nach einem sanften Linksknick kreuzen wir die Hirschallee. Auf ihrer anderen Seite sehen wir zwei mächtige **Mammutbäume** 5.
Für uns geht es im Dreispitzweg geradeaus weiter. Wir überqueren die Bruderhausallee, etwas später zieht unser Weg nach links und wir kommen zu einer Wegspinne. Hier biegen wir rechts ab und wandern hinab zum **Bernhardsbach** 6. Auch ihn überqueren wir und halten uns nach der Brücke links.

Abstecher zum Bärenschlössle oder zurück Nun steigt der Weg an. Auf der Höhe liegt rechts eine große Lichtung. Auf dieser steht das Schiesshaus, das wie ein kleines Schlösschen wirkt. Nach einer Rechtskurve treffen wir auf das querende **Bärensträßle** 7. Wer einen Abstecher zum **Bärenschlössle** 8 oder einem Grillplatz machen möchte, hält sich hier rechts, kehrt aber später wieder hierher zurück.
Ansonsten biegen wir links ab und erreichen in wenigen Minuten einen Parkplatz. Danach überqueren wir die L1180/Wildparkstraße und gehen geradeaus zu unserem Ausgangspunkt.

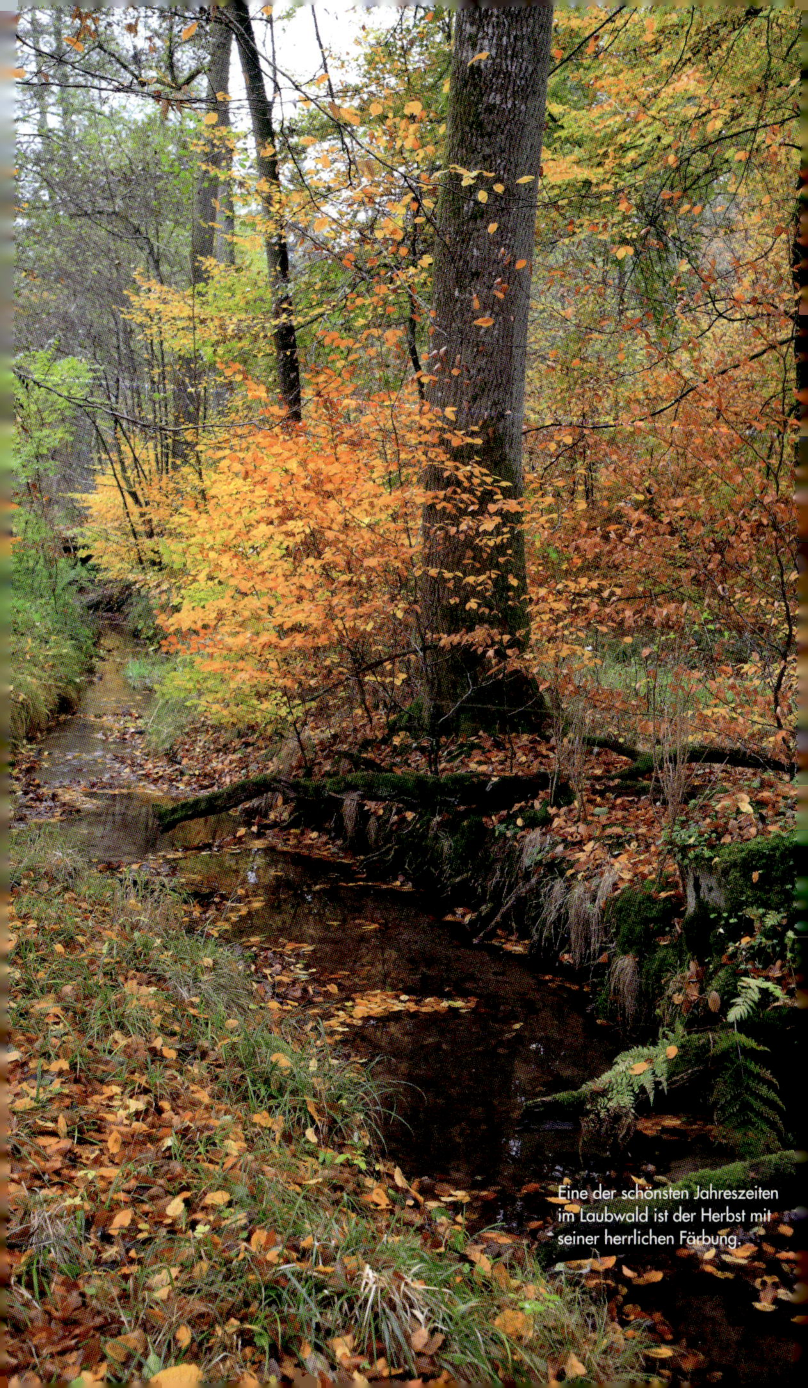

Eine der schönsten Jahreszeiten im Laubwald ist der Herbst mit seiner herrlichen Färbung.

14 Vom Krummbachtal in den Wald

Auf dem Walderlebnispfad

leicht	3 km	60 Hm	1 Std.

Tourencharakter: Die Tour verläuft auf geschotterten Waldwegen.

Ausgangs-/Endpunkt: Gerlingen, Krummbachtal

Einkehr: Krummbachtal

Kinderwagen: Geeignet

Karten: Wanderkarte W228 Stuttgart, 1:25000, Landesamt für Geoinformation und Landentwicklung Baden-Württemberg (LGL) in Zusammenarbeit mit dem Schwäbischen Albverein e.V.; Wanderkarte mit Radwegen Stuttgart Nordwest Blatt 50-541, 1:25000, NaturNavi

Information: www.gerlingen.de/walderlebnispfad

Eine Gesundheitstour für die ganze Familie, so könnte man diese Tour mit elf Stationen beschreiben. Sie verläuft auf dem Walderlebnispfad Gerlingen, auf dem eine kindergerechte Attraktion nach der anderen kommt, wobei der Schwerpunkt auf Mitmachstationen liegt.

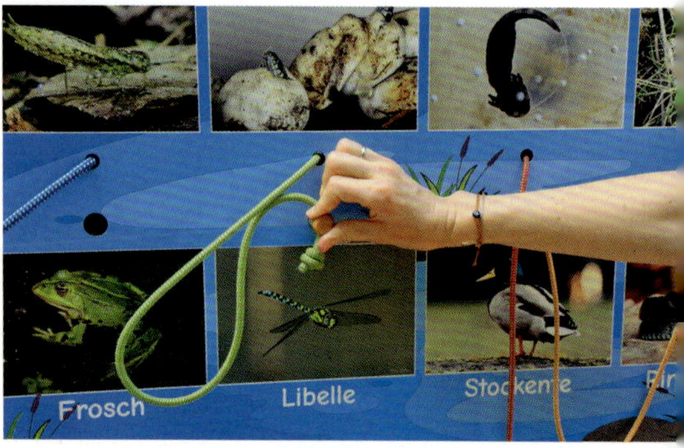

Interessante Stationen machen die Tour für Jung und Alt reizvoll.

Zum Rastplatz Wir folgen dem vom Parkplatz ausgehenden Birkenhauweg zuerst durch ein Feuchtgebiet, dann in den Wald hinein. Nach einem großen Informationsschild stoßen wir immer wieder auf verschiedene Tiere, die in Lebensgröße auf ausgesägten Fotos zu sehen sind – vom Forstweg aus sind sie über kleine, unscheinbare Pfade zu erreichen. Da die Tiere natürlich in ihren Tarnfarben gehalten und zum Teil auch klein sind, muss man schon aufpassen, dass man die Pfade auch findet.

An einer Kreuzung finden wir den **Waldspielplatz Rappenhof** ❶. Hier gibt es nicht nur einen Rastplatz mit

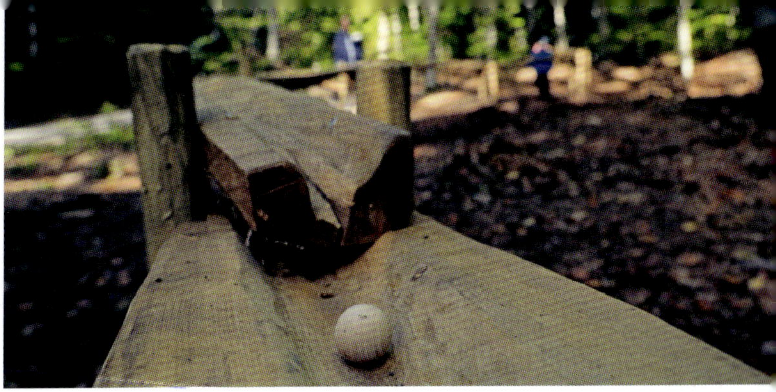

Tisch, Bänken und einer Grillstelle sowie eine Schutzhütte, sondern auch eine Spielwiese und Spielgeräte.

Für Kinder ist natürlich die Waldkugelbahn die Hauptattraktion der Tour.

Vom Weiher zur Kugelbahn Hier biegen wir rechts ab in das Alte Steinbruchsträßchen. Wir kommen an weiteren Stationen und einem kleinen **Weiher** ② vorbei, bis wir schließlich links die Häuser der Waldsiedlung sehen. Dort angekommen müssen wir rechts abzweigen ③. Nun kommen wir auch bald zur Kugelbahn, die aus mehreren Abschnitten besteht. Auch ein Waldxylophon und abschließend ein Wurfspiel liegen auf dem Weg.

An dem als Ausweichparkplatz angegebenen Parkplatz halten wir uns auf der Straße kurz rechts, dann erreichen wir wieder unseren Ausgangspunkt.

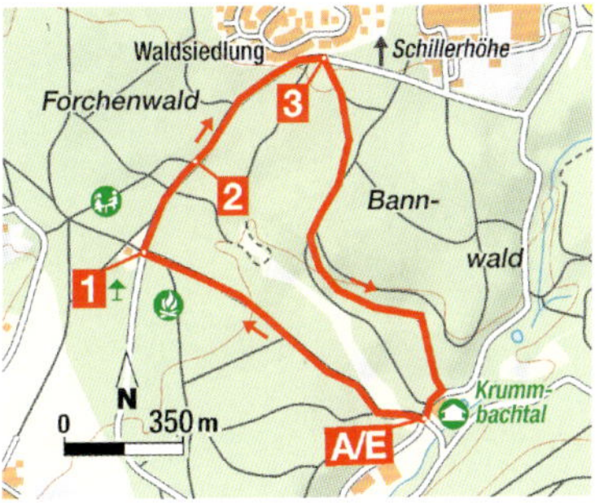

Anfahrt

Bus & Bahn: S-Bahn bis Feuersee oder Leonberg, dann Bus bis Haltestelle Gerlingen Waldsiedlung; von dort folgt man der Fritz-von-Graevenitz-Straße, hält sich an der Verzweigung rechts und zweigt bei Gebäude 43 rechts ab in den Wald; Auto: Über die Wildparkstraße/L1180, dann beim Robert-Bosch-Krankenhaus links ab in die Straße Krummbachtal, GPS: 48.776053, 9.059542. Ein weiterer Parkplatz befindet sich unmittelbar nördlich davon. Dort kommt man am Ende der Tour auch vorbei.

15 Auf dem Saufangweg

Uriger Wald und Hirschgehege im Rot- und Schwarzwildpark

leicht	5,1 km	60 Hm	1.20 Std.

Tourencharakter: Wir wandern auf festen Forstwegen.

Ausgangs-/Endpunkt: Stuttgart, Wildparkstraße, Parkplatz Saufang, Parkplatz Wildschweingehege oder Bushaltestelle Forsthaus II

Einkehr: Keine

Kinderwagen: Möglich, da geschotterte Forstwege

Karten: Wanderkarte W228 Stuttgart, 1:25 000, Landesamt für Geoinformation und Landentwicklung Baden-Württemberg (LGL) in Zusammenarbeit mit dem Schwäbischen Albverein e.V.; Wanderkarte mit Radwegen Stuttgart Südwest Blatt 50-539, 1:25 000, NaturNavi

Der Rot- und Schwarzwildpark zwischen Botnang und Vaihingen gehört mit seinen alten Baumbeständen zu den beliebtesten Ausflugszielen in Stuttgart. Wir wandern auf hoffentlich weniger überlaufenen Wegen links und rechts der Wildparkstraße und besuchen ein Hirschgehege.

Entlang des Wildschweingeheges Wir verlassen den Parkplatz auf der Westseite und halten uns am nächsten Querweg rechts. Nach einem links abgehenden Weg kommen wir zum Saugehege. Wer will, kann sich vor diesem bereits links in den Saufangweg halten. Ansonsten wandern wir rechts des Zauns im Neuen Sträßchen weiter, wenden uns erst nach dem Gehege nach links ❶ und erreichen schließlich entlang des Zauns ebenfalls den querenden **Saufangweg** ❷. Ihm

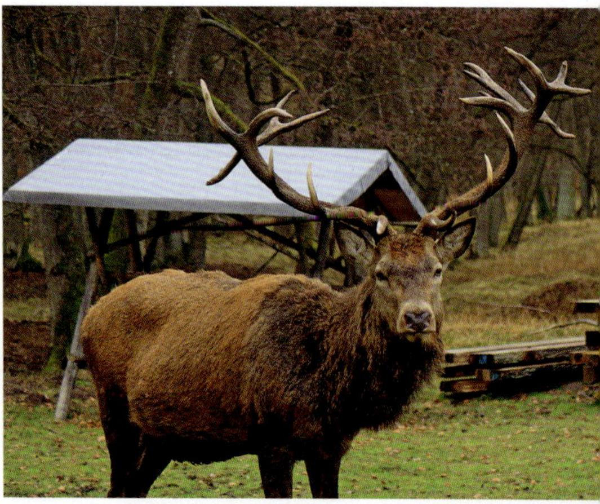

Wenn man Glück hat, sieht man im Hirschgehege prächtige Tiere.

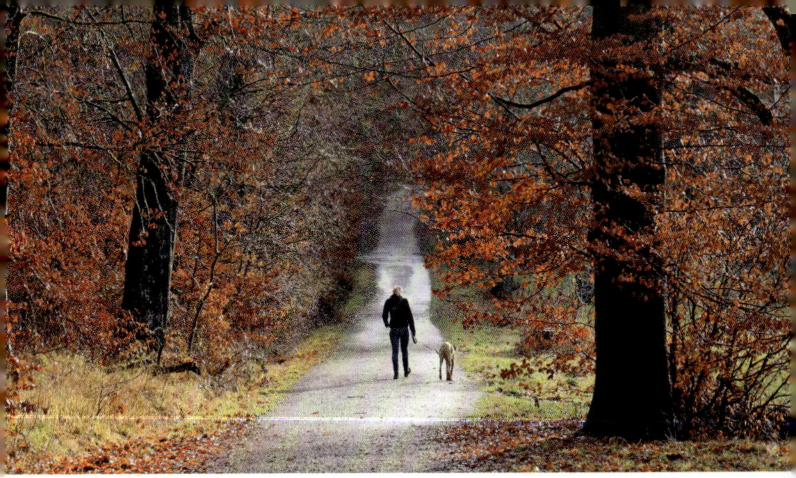

folgen wir nun eine Weile. Wo er nach rechts zieht, gehen wir im Jägerweg geradeaus weiter.

Eine Waldwanderung macht vor allem im farbenprächtigen Herbst viel Spaß.

Bald liegt links die **Sonnenuhrhütte** 3. Hierbei handelt es sich um einen überdachten Rastplatz mit Tischen, Bänken und einer Grillstelle, davor liegt eine große Wiese.

Über die Wildparkstraße Wir wandern weiter, danach quert die Tannengärtles-

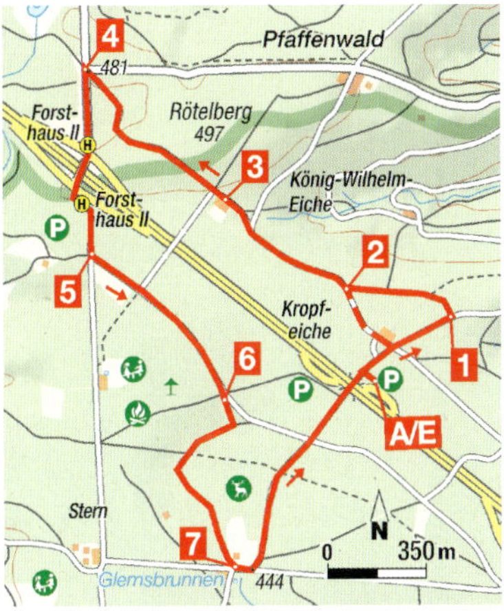

Anfahrt

Bus & Bahn: Bus bis Haltestelle Forsthaus II. Achtung, die Haltepunkte der Bushaltestelle liegen je nach Fahrtrichtung etwas versetzt (siehe Karte); Auto: Von Stuttgart-West über den Birkenkopf oder über den Schattenring in Richtung Solitude. Nach dem Abzweig nach Botnang nehmen wir den ersten Parkplatz (Saufang/Wildschweingehege, GPS: 48.771771, 9.103746). Aus Richtung Weilimdorf oder Leonberg gibt es auf der anderen Seite der Straße ebenfalls einen Parkplatz, dann beginnt man die Tour dort und unterquert zuerst die Wildparkstraße. Alternativ kann man am Parkplatz Solitudetor (Forsthaus II) parken, wo es auch zwei Behindertenstellplätze gibt.

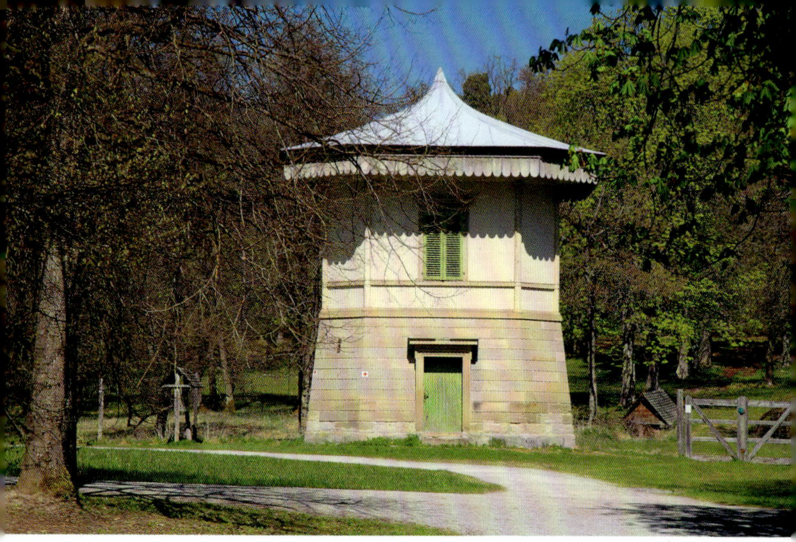

Der Hirschfütterungspavillon stammt noch aus herrschaftlichen Zeiten.

allee. Bald zieht der Jägerweg nach rechts, dann nach links zur **Straße** 4. Auf ihrer anderen Seite gehen wir nach links auf dem Gehweg weiter. Links liegt die **Bushaltestelle Forsthaus II**, an der man aus Stuttgart mit dem Bus kommend aussteigt. Etwas später überqueren wir die Wildparkstraße. Auf der anderen Seite der Straße liegt links die Haltestelle gleichen Namens, die von aus Richtung Leonberg kommenden Bussen angefahren wird.

Die Wege sind gut bezeichnet.

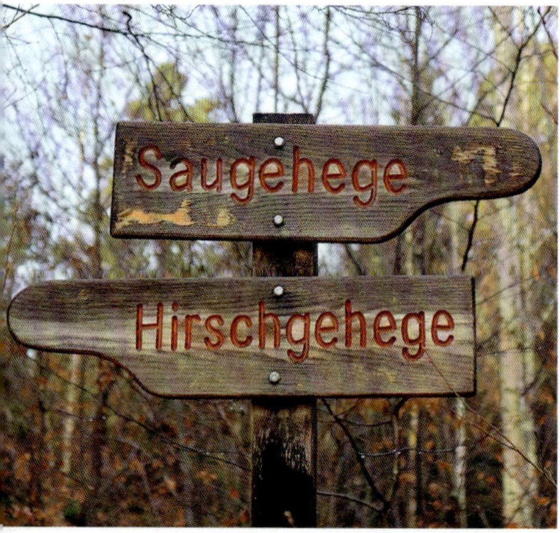

Danach erreichen wir den Parkplatz Solitudetor (Forsthaus II). Wir durchqueren ihn nach links bis zum rechts abgehenden Bärensträßle. Auf diesem gehen wir zur nächsten **Kreuzung** 5, wo wir links in die Pappelallee einbiegen. Gleich rechts locken ein paar Bänke am Rand einer großen Wiese zur Rast.

Entlang des Hirschgeheges Wir folgen der Pappelallee weiter, wobei wir uns im Wald links und rechts an einigen urigen Szenerien mit bemoostem Totholz erfreuen können. Gleich nach der Kreuzung mit dem Schwarztorweg halten wir uns an der **Verzweigung** 6 rechts, danach verläuft der Hirschgehegerundweg rechts des Zauns; vielleicht sehen wir auch eines der Tiere.

Wir treffen nach dem Hirschfütterungspavillon auf das Glemssträßchen, biegen links und am Ende des Geheges noch einmal links ab in den **Glemsquellenweg** 7. Auf ihm wandern wir nun immer nach Norden, queren bald die Pappelallee (links)/Forstmeister-Feucht-Allee (rechts) und unterqueren danach die Wildparkstraße. Nach ihr liegt rechts unser Ausgangspunkt.

Vor allem an heißen Sommertagen erfrischt schon das Plätschern des Glemsbrunnens.

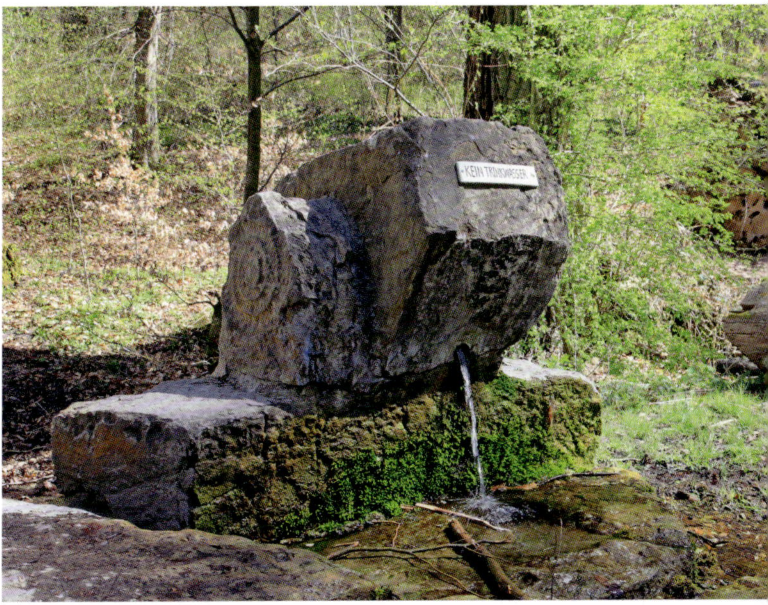

16 Zwischen Birkenkopf und Bärenschlössle

Durch den Rot- und Schwarzwildpark

mittel | 9,2 km | 70 Hm | 2.20 Std.

Tourencharakter: Die Wanderung verläuft bis auf den Abstieg zum Sophienbrunnen auf festen Wegen. Ohne den Abstecher auf den Birkenkopf reduziert sich die Tour um 1,5 km, 40 Hm und 20 Min.

Ausgangs-/Endpunkt: Stuttgart, Parkplatz oder Bushaltestelle Birkenkopf

Einkehr: Bärenschlössle

Kinderwagen: Geeignet; den oben erwähnten Abstieg auf einem schmalen Pfad kann man auch umgehen, wenn man dem breiten Weg bis zur Bürgerallee folgt.

Karten: Wanderkarte W228 Stuttgart, 1:25 000, Landesamt für Geoinformation und Landentwicklung Baden-Württemberg (LGL) in Zusammenarbeit mit dem Schwäbischen Albverein e. V.; Wanderkarte mit Radwegen Stuttgart Südwest Blatt 50-539, 1:25 000, NaturNavi

Eines der schönsten Waldgebiete Stuttgarts und damit auch ein beliebtes Naherholungsziel ist der Rot- und Schwarzwildpark mit den Parkseen. Durch ihn führt diese Tour, bei der wir auch im Bärenschlössle einkehren können. Historisch interessant sind zudem die Ruine Römisches Haus und der Birkenkopf.

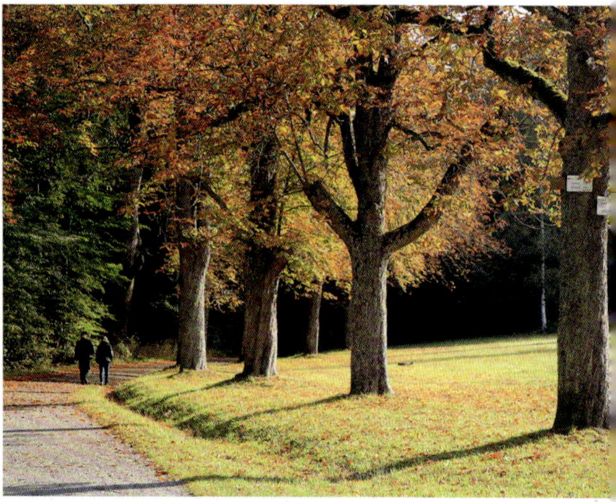

Zum ersten See Vom Parkplatz am Birkenkopf aus gehen wir zur Bushaltestelle, wo die Nutzer des ÖPNV eintreffen. Dort halten wir uns kurz stadteinwärts, dann biegen wir rechts in das Sträßchen ein. Gleich darauf schwenken wir rechts in den Wald. Nach einem kurzen Stück bergab folgen wir dem querenden Pfad, der uns nach links hinab zum **Sophienbrunnen** ❶ bringt.

Dort orientieren wir uns nach rechts in die Bürgerallee, später wird daraus die Schlösslesallee. Als Wanderzeichen sehen wir den blauen Balken und die Zeichen für den Martinusweg und den Rössleweg. Ihnen folgen wir geradeaus, bis wir auf die Bundesstraße stoßen. Wir ignorieren, dass der markierte Wanderweg links über die Straße führt, und gehen rechts von ihr weiter. Bald können wir das große Verkehrsbauwerk **Schattenring** 2 nach links unterqueren. Kurz danach biegen wir rechts ab, an der nächsten Kreuzung links in den Stuttgarter Torweg. Am folgenden Querweg halten wir uns rechts und kommen zum **Pfaffensee** 3.

Entlang der Seen zum Bärenschlössle Nun wandern wir immer an den Seen entlang, erst am Pfaffensee, dann am Neuen See. Schließlich biegen wir am Damm zwischen Neuem und Bärensee rechts ab und gehen entweder auf der Treppe oder dem breiten Weg mit einem Bogen hinauf zum **Bärenschlössle** 4.

Linke Seite: Vom Bärenschlössle geht es entlang einer Lichtung in den Wald.

Der Bär am Bärenschlössle hat noch jedes Kind zum Hinaufklettern verlockt.

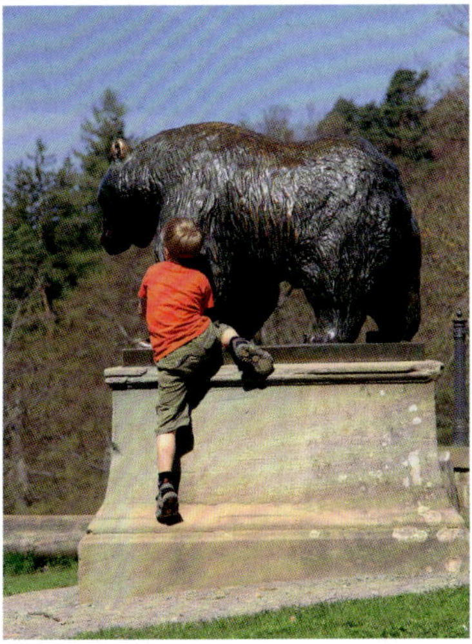

Anfahrt

Bus & Bahn: Bus bis Haltestelle Birkenkopf; Auto: Der Ausgangspunkt liegt am Schnittpunkt der Rotenwaldstraße (L1015) und der Geißeichstraße (L1187), GPS: 48.764986, 9.134754. Alternative Parkplätze findet man z. B. beim Forsthaus in der Wildparkstraße oder im Schattengrund beim Kreisverkehr zwischen Magstadter Straße und Mahdentalstraße. Wenn man im Schattengrund startet, geht man von dort aus hinauf zum Neuen See, dann nach links zum Bärensee und hinauf zum Bärenschlössle und beginnt die Tour dort.

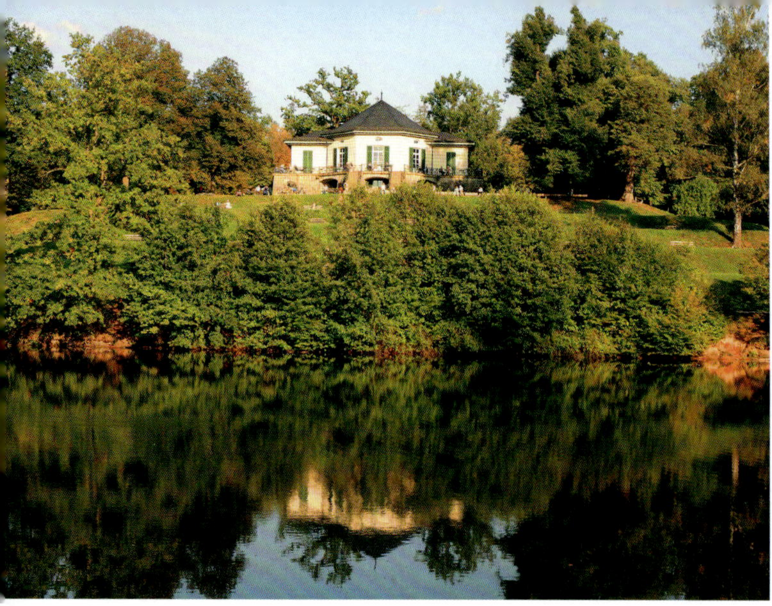

Vor ihm biegen wir scharf rechts ab. Als Wanderzeichen führt uns nun bis kurz vor dem Birkenkopf das rote Kreuz. Wir wandern über die Wiese und danach durch einen recht urtümlich wirkenden Wald. Nach einiger Zeit kommen wir am Römischen Haus vorbei.

Römisches Haus

Das Römische Haus wurde 1926 zufällig entdeckt und danach teilweise ausgegraben. Es besteht aus einer quadratischen Mauer mit einer Seitenlänge von 26 Metern. Dabei vermutet man aufgrund verschiedener Fundamente parallel der Mauer einen überdachten Gang an dieser Stelle. Die Bauart dieses Hauses war bis dahin nicht bekannt. Wahrscheinlich handelt es sich um einen Kultbau aus der Zeit um etwa 200 n. u. Z., der von der einheimischen keltischen Bevölkerung in der Nähe des Wasserlaufs der Glems erbaut wurde. Die Türen waren mit massiven Türschwellen versehen.

Über das Römische Haus zum Birkenkopf Danach geht es geradeaus weiter bis zum querenden Bettelweg. Wir biegen links ab und kommen zum Forsthaus I. Nach den Gebäuden unterqueren wir die Straße nach rechts und erreichen einen Parkplatz. Dort gehen wir auf dem Wetzelweg nach rechts weiter, als Zeichen orientieren wir uns am blauen Punkt, der uns in Richtung »Westbahnhof« bzw. »Birkenkopf« weist.

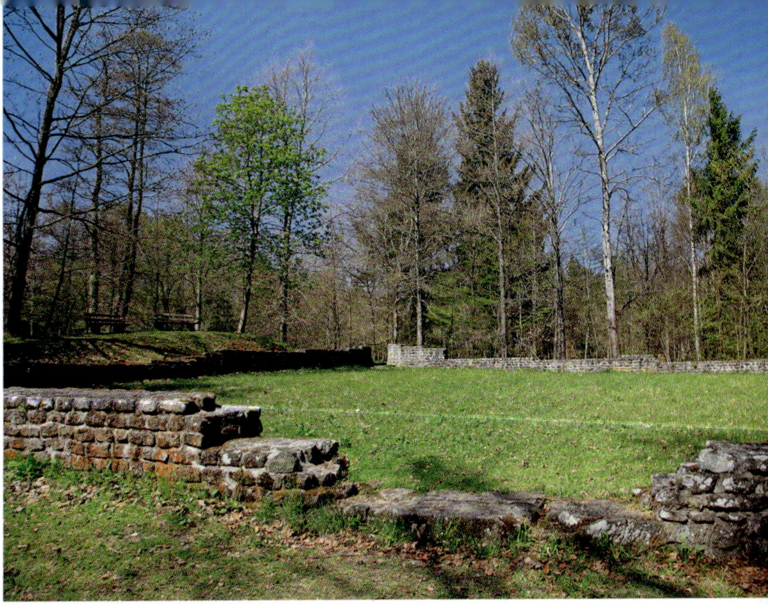

Immer geradeaus gehend erreichen wir schließlich den mit einem Mäuerchen abgegrenzten Weg, der nach links hinauf zum beliebten Birkenkopf führt. Hier ist auch eine Tafel mit einer Beschreibung angebracht, an welcher man sich über seine Geschichte informieren kann. Zum Ausgangspunkt geht es nach rechts hinab. Es empfiehlt sich aber, erst nach links hinauf zum **Gipfel** 5 zu gehen und dann auf demselben Weg wieder zurück zum Abzweig.

Vom Römischen Haus sind nur noch spärliche Mauerreste erhalten.

Linke Seite: Malerisch erhebt sich über dem Bärensee das Bärenschlössle.

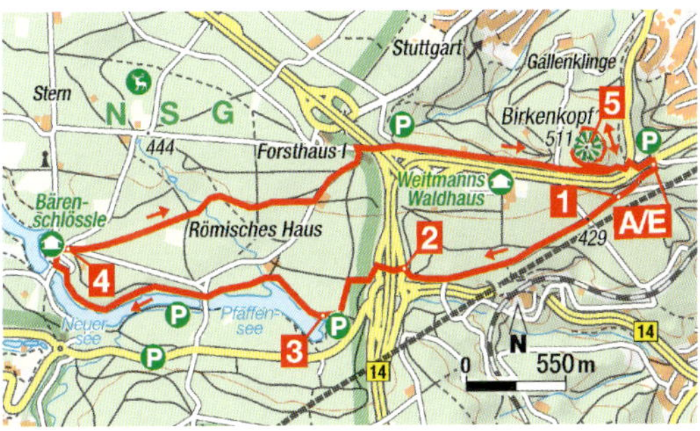

17 Vom Birkenkopf zur Karlshöhe

Auf dem Blauen und dem Blaustrümpflerweg

leicht	6 km	30 Hm	1.40 Std.

Tourencharakter: Die Wanderung verläuft auf festen Wegen.

Ausgangspunkt: Stuttgart, Birkenkopf

Endpunkt: Stuttgart, Feuersee

Anfahrt: Bus & Bahn: Anreise mit dem Bus bis Haltestelle Birkenkopf, zurück mit der S-Bahn ab Haltestelle Feuersee

Einkehr: Karlshöhe, Stuttgart Innenstadt

Kinderwagen: Eher ungeeignet, da es zur Karlshöhe eine Treppe hinaufgeht

Karten: Wanderkarte W228 Stuttgart, 1:25 000, Landesamt für Geoinformation und Landentwicklung Baden-Württemberg (LGL) in Zusammenarbeit mit dem Schwäbischen Albverein e.V.; Wanderkarte mit Radwegen Stuttgart Südwest Blatt 50-539, 1:25 000, NaturNavi

Der Blaue und der Blaustrümpflerweg sind beliebte Wanderwege in der Nähe des Innenstadtbereichs. Bei dieser Tour sind wir auf beiden unterwegs und haben viel Aussicht: vom Birkenkopf, auf den man hinaufsteigen kann, von den beiden Wegen und am Schluss von der Karlshöhe.

Erst auf den Birkenkopf Bevor man sich auf den Weg in die Stadt macht, kann man von der Haltestelle oder dem Parkplatz aus noch den Birkenkopf, auch Monte Scherbelino genannt, besteigen. Von seinem Gipfel aus hat man eine prächtige Sicht über die Stadt. Der Zugang erfolgt von der Geißeichstraße, die sich an dieser Stelle mit der Rotenwaldstraße trifft. Von der Bushaltestelle aus müssen wir dazu die Straße überqueren. Nun wandert man in weiten Kurven hinauf zum **Gipfel** (1), danach wieder zurück zur Bushaltestelle.

Von ihr aus gehen wir kurz stadteinwärts. Dann biegen wir rechts in das Sträßchen ein, halten uns aber gleich wieder rechts in den Wald. Kurz geht es bergab, dann folgen wir dem querenden Pfad, der uns nach links hinab zum **Sophienbrunnen** (2) bringt.

Auf dem Blauen Weg Am Brunnen biegen wir rechts ab und folgen der Bürgerallee. Bald liegen rechts die Bürgerwaldhütte und ein schöner Waldspielplatz. Wir wandern, bis links im rechten Winkel ein mit dem blauen Balken markierter Weg abgeht (3). Er bringt uns zu einem Querweg, hinter dem eine schmale Brücke über die Bahnlinie zum Rudolf-Sophien-Stift

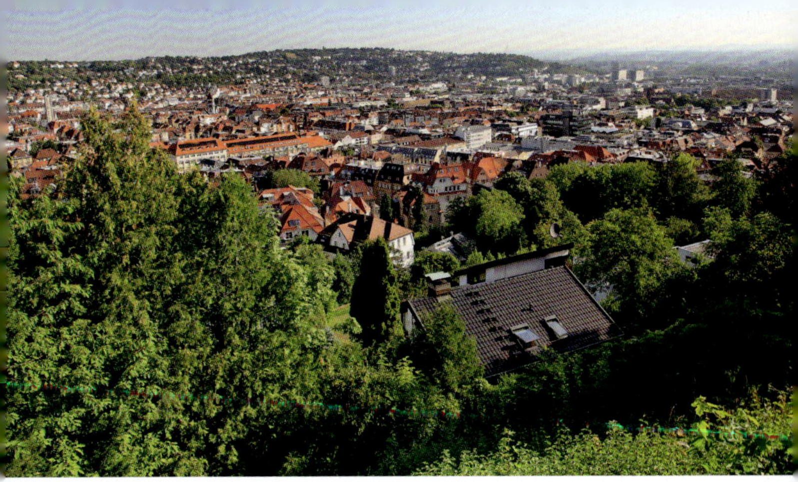

Blick über den Stuttgarter Talkessel

führt, wir biegen aber links ab. Wo unser Weg in einen anderen einmündet, folgen wir diesem nach rechts. An einer Kreuzung verlaufen zwei Wege in Gehrichtung weiter, hier nehmen wir den breiteren, den zweiten von links. Als Friedrich-Wertz-Weg führt er uns geradeaus über eine Kreuzung und zieht etwas später in einer ausgeprägten Kurve nach links in die Heslacher Wand. Rechts unterhalb des Weges verläuft die

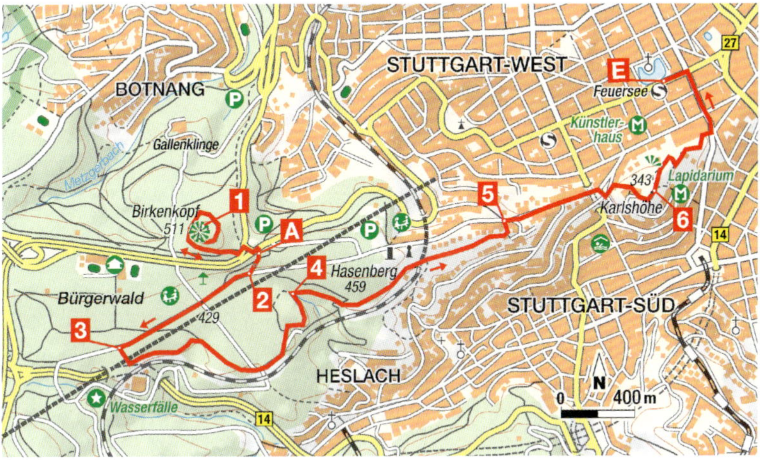

tief eingeschnittene Ziegelklinge. Etwas später knickt unser Weg scharf rechts ab ❹.

Im Stuttgarter Westen findet man trotz Kriegsschäden noch zahlreiche prächtige Bürgerhäuser.

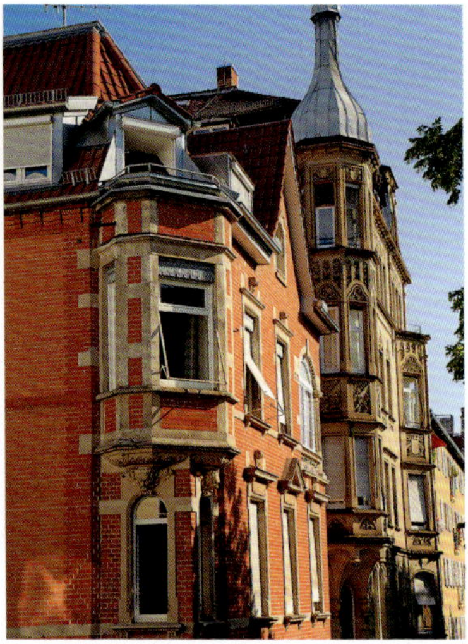

Auf dem Blaustrümpflerweg zur Karlshöhe Bei einer Kreuzung treffen wir auf den Blaustrümpflerweg. An dessen Zeichen orientieren wir uns nun zusätzlich. Ab jetzt bietet sich uns immer wieder eine prächtige Aussicht hinab nach Heslach, später über die Innenstadt zu den gegenüberliegenden Höhen mit Frauenkopfturm und Fernsehturm.

Zurück über die Karlshöhe Bald wandern wir zwischen Kleingärten mit teilweise originellen Gartenhäusern. Dann kommen wir ins Wohngebiet, wo wir auf die querende **Hasenbergsteige** ❺ treffen. Ihr folgen wir nach rechts, nun geht es steil bergab. Links liegt bald der Aussichtspunkt Hasenberganlage.

Die Straße zieht nach rechts, doch wir halten uns noch kurz links und erst dann rechts zum Denkmal für I. G. Fischer. Nach diesem gehen wir in der Hasenbergsteige kurz nach links bergab, dann steigen wir auf einer Treppe nach rechts hinauf zur **Karlshöhe** ❻. Wer den prächtigen Gänsepeterbrunnen ansehen will, geht vorher noch hinab bis zur nächsten Kreuzung, kehrt dann aber wieder zur Treppe zurück.

Birkenkopf

Der auch Monte Scherbelino genannte Birkenkopf (511 m) wurde nach dem Zweiten Weltkrieg durch Trümmer um rund 40 Meter erhöht – eine Folge der Luftangriffe auf Stuttgart. Er bietet eine herrliche Aussicht über die Stadt, zu den Ausläufern des Schurwaldes und zur Schwäbischen Alb.

Die Treppe bringt uns hinauf auf die Karlshöhe. Hier gibt es eine Vielzahl möglicher Wege, sodass eine exakte Beschreibung kaum möglich ist. Man kann sich an der Karte im Buch oder am Track orientieren oder einfach auf eigene Faust durch die Anlage gehen – Hauptsache, man wandert in Richtung Nordosten. Das Zeichen des Blaustrümpflerweges ist auch hin und wieder zu sehen und hilft bei der Orientierung. Am rechten Hang des Hügels liegt der Biergarten, von ihm aus hat man über die Weinberge eine schöne Aussicht.

Je nachdem, welchen Weg man letztlich gegangen ist, kommt man entweder in der Reinsburgstraße unten an – dann hält man sich rechts bis zur Silberburgstraße –, oder man endet gleich in der Silberburgstraße: So oder so hält man sich dort links.

Wer sein Auto am Birkenkopf abgestellt hat und dorthin zurückmuss, findet in der Silberburgstraße eine Bushaltestelle. Ansonsten geht man bis zur querenden Rotebühlstraße, wo man hinab zur S-Bahnhaltestelle Feuersee oder noch nach links zum See gehen kann.

Auf dem Gipfel des Birkenkopfs steht sogar ein Kreuz.

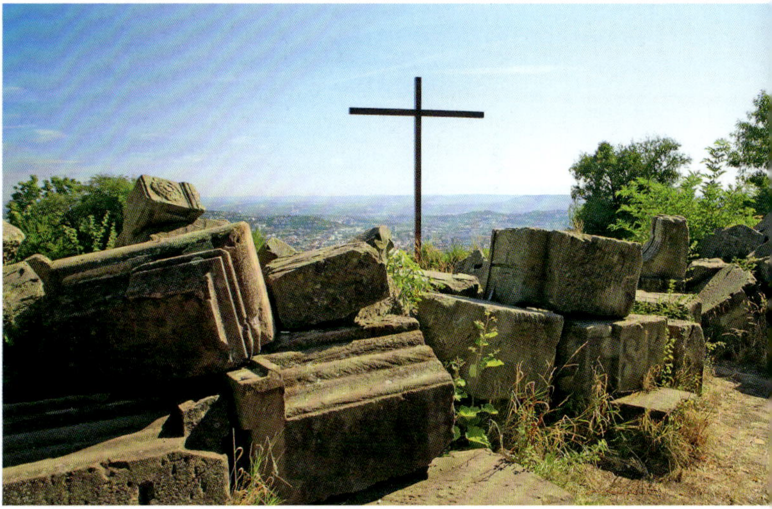

18 Von der Geroksruhe zum Waldfriedhof

Waldwanderung zur Seilbahn

leicht | 7 km | 40 Hm | 2 Std.

Ausgangspunkt: Stuttgart, Jahnstraße

Endpunkt: Bergstation der Seilbahn zum Waldfriedhof bzw. Haltestelle Südheimer Platz

Anfahrt: Bus & Bahn: Anreise mit der Stadtbahn bis Haltestelle Geroksruhe, zurück mit der Seilbahn ab der Bergstation beim Waldfriedhof und dann mit der Stadtbahn ab Haltestelle Südheimer Platz

Einkehr: Keine

Kinderwagen: Gut zu machen. An der Haltestelle Weinsteige muss man aber eine Treppe hinabgehen. Die Seilbahnnutzung ist mit Kinderwagen von Montag bis Freitag zwischen 16 und 18.30 Uhr nicht möglich.

Karten: Wanderkarte W228 Stuttgart, 1:25000, Landesamt für Geoinformation und Landentwicklung Baden-Württemberg (LGL) in Zusammenarbeit mit dem Schwäbischen Albverein e.V.; Wanderkarten mit Radwegen Stuttgart Südwest Blatt 50-539 und Stuttgart Südost Blatt 52-539, 1:25000, NaturNavi

Diese Tour führt uns ohne wesentliche Anstiege auf etwa einer Höhe durch die Stuttgarter Wälder. Sie bietet uns einige prächtige Aussichtspunkte. Ein weiteres Highlight ist die Fahrt mit der Seilbahn am Schluss, wenn man nicht hinabwandern will.

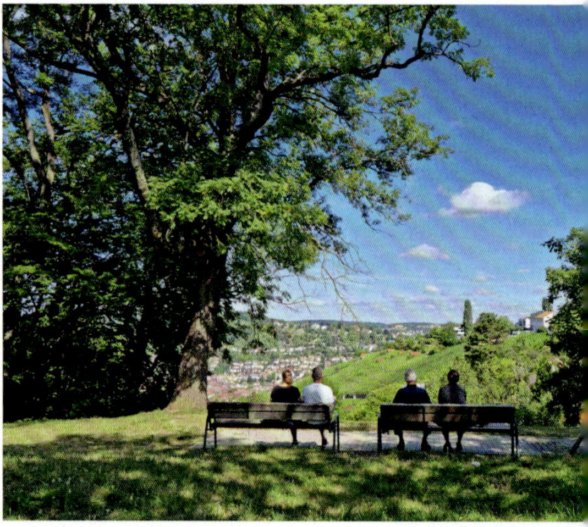

Zur Weinsteige Von der Haltestelle Geroksruhe sollte man zuerst hinab zum Aussichtspunkt Geroksruhe gehen, der rechts der Straße liegt. Diese Aussichtsterrasse bietet einen weiten Blick nach Osten über die Stadt. Danach überqueren wir die Jahnstraße und gehen durch den Parkplatz bis vor die Häuser. Hier folgen wir der Pischekstraße nach links in den Wald. Dort geht es auf dem Richard-Bücheler-Weg weiter. Wo wir auf den querenden Olgaweg stoßen, wandern wir nach rechts weiter. Bald geht er in den Wernhaldeweg über und bringt uns zu einer **Wegspinne** 1. Hier steht eine Schutzhütte, die Bopserhütte. Wir finden Rastgelegenheiten, eine Grillstelle und rechts hinter der Hütte einen Spielplatz. Nun wandern wir links der Hütte im Kaltenlochweg weiter. Kurz nach der nächsten Kreuzung müssen wir ohne Zeichen in einen links abgehenden namenlosen Weg abbiegen 2, der erst etwas ansteigt. Wir passieren ein Umspannwerk und kommen zu einer Querstraße. Hier

Linke Seite: Von der Grünanlage Schimmelhüttenplatz bietet sich eine schöne Aussicht.

Kleiner Waldweiher vor dem Garnisonsschützenhaus

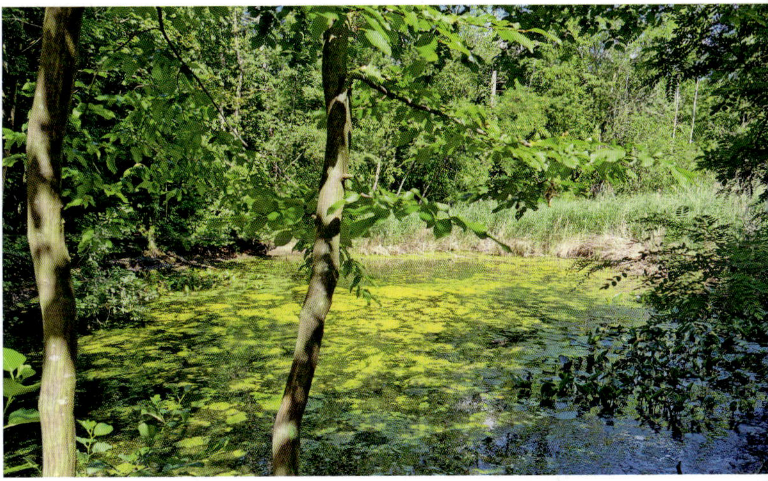

biegen wir rechts ab. Wo diese nach rechts zieht, gehen wir geradeaus zur **Stadtbahnhaltestelle Weinsteige** 3. Hier kann man die Tour beenden – oder auch erst beginnen.

Zum Waldfriedhof Wir steigen die Treppe hinab, überqueren die Neue Weinsteige und folgen danach der

Tourencharakter

Die Tour verläuft auf festen Wegen. Wandert man vom Waldfriedhof hinab in die Stadt, erwartet einen ein stellenweiseweise steiler Abstieg. Wer die Seilbahn nimmt, vermeidet diesen und spart sich einen Kilometer.

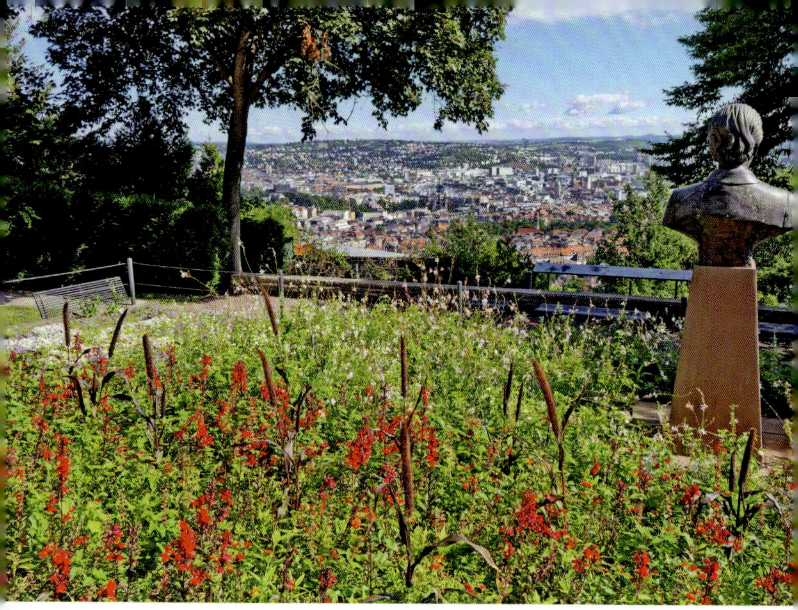

Am Santiago-de-Chile-Platz haben wir einen herrlichen Blick über die Stadt.

Straße Auf dem Haigst. Nach der Kirche auf der linken Seite führt unser Weg nach links in der Alten Weinsteige weiter. Zuvor genießen wir rechts davon am **Santiago de Chile-Platz** 4 aber noch den Blick über die Stadt. Auch hier an der Haltestelle Haigst der Zahnradbahn kann man die Tour beginnen oder beenden.

Es geht ein kurzes Stück bergauf, dann überqueren wir die Schienen nach rechts und folgen kurz der Alten Weinsteige. Gleich danach biegen wir rechts ab in die Fideliostraße, anschließend überqueren wir die Meistersingerstraße und gehen dort, wo die Parsifalstraße eine Rechtskurve beschreibt, auf einem Fußgängerweg geradeaus zur querenden **Leonorenstraße** 5. Jetzt bietet sich uns wieder ein schöner Blick über die Wälder und auf die Stadt.

Wir folgen der Straße nach links. Kurz darauf liegt rechts die Grünanlage Schimmelhüttenplatz, ebenfalls ein grandioser Aussichtspunkt. Etwas später kommen wir wieder in den Wald, wo wir dem

Dornhaldenweg folgen. An einer Kreuzung geht es im zweiten Weg von rechts weiter. Etwas später passieren wir einen Waldweiher, danach zieht der Weg nach links. Wir kommen am Garnisonsschützenhaus vorbei, danach wandern wir rechts des Dornhaldenfriedhofs.

Bald überqueren wir die **Heinestraße** 6, danach gehen wir auf dem nach rechts ziehenden Sträßchen bis vor den Waldfriedhof. Hier halten wir uns rechts und kommen zur **Bergstation der Seilbahn** 7. Man kann die Tour hier beenden und mit der Seilbahn hinabfahren.

Wer noch ein bisschen wandern will – etwa einen Kilometer bergab –, nimmt den Weg links der Bergstation. Wo der breite Weg etwas später nach links zieht, gehen wir auf einem schmaleren Weg geradeaus weiter. Dieser fällt nun steil ab. Wir treffen auf einen anderen Weg, dem wir nach rechts abwärts folgen. Im Tal überqueren wir die Burgstallstraße und wandern in der rechter Hand verlaufenden Seilbahnstraße bis zum Eingang zur Talstation. Rechts von der Talstation der Seilbahn liegt in der Böblinger Straße die Stadtbahnhaltestelle Südheimer Platz.

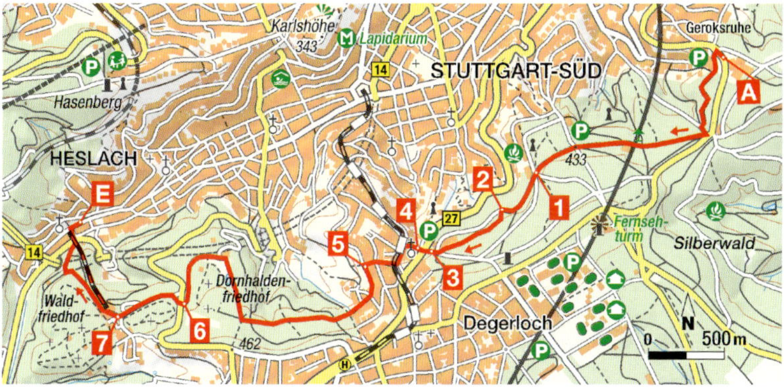

19 Vom Frauenkopf nach Wangen

Fitness tanken zwischen Wald und Weinbergen

mittel | 6,3 km | 100 Hm | 1.45 Std.

Tourencharakter: Die Wanderung verläuft bis auf ein kurzes Stück auf festen Wegen, am Ende teilweise auf Kopfsteinpflaster.

Ausgangspunkt: Stuttgart-Frauenkopf, Jahnstraße

Endpunkt: Stuttgart-Wangen, Wangener Marktplatz

Anfahrt: Bus & Bahn: Anreise mit der Stadtbahn zur Haltestelle Stelle, zurück ab der Stadtbahnhaltestelle Wangen Marktplatz

Einkehr: Waldheim Wangen, Wangen

Kinderwagen: Wegen des Abschnitts auf dem Naturweg und dem holprigen Kopfsteinpflaster eher ungeeignet

Karten: Wanderkarte W228 Stuttgart, 1:25 000, Landesamt für Geoinformation und Landentwicklung Baden-Württemberg (LGL) in Zusammenarbeit mit dem Schwäbischen Albverein e.V.; Wanderkarte mit Radwegen Stuttgart Südost Blatt 52-539, 1:25 000, NaturNavi

Wenn der frühere Stuttgarter Slogan »Großstadt zwischen Wald und Reben« auf eine Tour wirklich zutrifft, dann auf diese: Wir wandern durch eines der schönen Stuttgarter Waldgebiete bergab zum idyllischen Dürrbachsee, dann zwischen Weinbergen.

Hinab zum Dürrbachsee Wir überqueren von der Stadtbahnhaltestelle Stelle aus die Straße zum Wald. Links der Wandertafel gehen wir in diesen durch die Schranke hinein, dann halten wir uns an der Verzweigung links. Das Wanderzeichen rotes Kreuz bringt uns nun zur Straße **Waldebene Ost** (1).

Hinter der Straße verläuft zwischen Waldrand und den Kleingärten ein schmaler Pfad. Er führt uns hinab zu einem querenden Weg, dem wir mit dem Zeichen roter Punkt nach rechts folgen. An der nächsten Verzweigung gehen wir geradeaus weiter, nun immer links der Straße Waldebene Ost bis zum querenden Fuchsrainweg. Hier biegen wir rechts ab, überqueren die Straße Waldebene Ost und wandern über einen Parkplatz.

Hinter ihm und der Schranke biegen wir links in das **Untere Dürrbachsträßle** (2) ein. Nun fällt der Weg und bringt uns nach einer Rechtskurve zum idyllischen **Dürrbachsee** (3), wo Bänke zu einer Rast locken.

Weiter durch Wald in die Weinberge Nach dem See biegen wir links ab und wandern vorerst weiter durch den Wald, später sehen wir neben dem Weg auch Gärten mit Gartenhäuschen. An der querenden Straße **Dürrbach** (4) gehen wir nach links hinauf. Nun kommen wir in die Weinberge.

Wir wandern etwas bergauf und folgen vor einem Häuschen dem Weg, nun Engelbergweg, scharf nach rechts 5. Er führt uns durch Weinberge und bietet uns eine herrliche Aussicht nach Rohracker. An einer Rechtskurve biegen wir links ab 6, jetzt verläuft der Weg zwischen Gärten mit Obstbäumen.

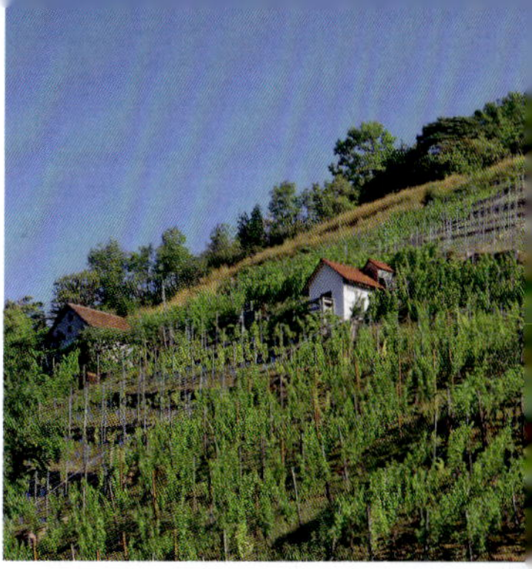

Wie überall in den Weinbergen findet man auch hier pittoreske Hütten.

Hinab nach Wangen Am zweiten querenden Asphaltweg biegen wir links ab, ehe wir uns an einem querenden Kopfsteinpflasterweg rechts halten. Dann geht es links in den Rotweg/Kirchweg. Wir wandern bergab bis zum **Gasthaus Waldheim Wangen** 7 auf der rechten Seite, das wir nach einer Rechtskurve erreichen. Nach ihm nehmen wir den zweiten links abgehenden Weg.
Er führt uns bald am Friedhof vorbei. Anschließend gelangen wir nach rechts vor das Wohngebiet. Noch vor Haus Nr. 63 biegen wir links ab, entweder auf eine Treppe oder einen links von ihr abgehenden Asphaltweg. Er führt nach rechts und bringt uns als Buchauer Straße zur querenden Ulmer Straße. Ihr folgen wir nach rechts. Sie knickt bald darauf links ab und wir stroßen auf den Wangener Marktplatz. Rechts sehen wir die Stadtbahnhaltestelle Wangen Marktplatz.

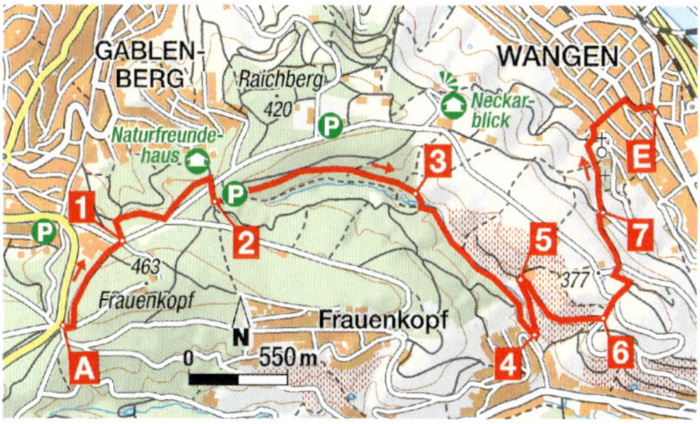

20 Durch die Hedelfinger Weinberge

Hinauf zur Wangener Höhe

mittel | 7,5 km | 180 Hm | 2.15 Std.

Tourencharakter: Wir wandern meist auf festen Wegen, teilweise mit steilem Aufstieg.

Ausgangs-/Endpunkt: Stuttgart-Hedelfingen, Rohrackerstraße

Anfahrt: Bus & Bahn: Stadtbahn bis Haltestelle Hedelfingen, Bus bis Haltestelle Bächlenweg; Auto: Von Stuttgart-Hedelfingen nach Stuttgart-Rohracker. Parkmöglichkeiten findet man in der Rohrackerstraße, zum Teil sind sie gebührenpflichtig. GPS: 48.758063, 9.241665

Einkehr: Hedelfingen

Kinderwagen: Anstrengend wegen des steilen Anstiegs

Karten: W228 Stuttgart, 1:25 000, Landesamt für Geoinformation und Landentwicklung Baden-Württemberg (LGL) in Zusammenarbeit mit dem Schwäbischen Albverein e. V.; Wanderkarte mit Radwegen Stuttgart Südost Blatt 52-539, 1:25 000, NaturNavi

Diese Tour führt durch die Weinberge, und das bedeutet: Es gibt einen Anstieg. Umso größer ist dafür der Trainings- und Gesundheitseffekt. Wir folgen bei der Wanderung teilweise dem Wein-Wanderweg auf dem Hedelfinger Lenzenberg.

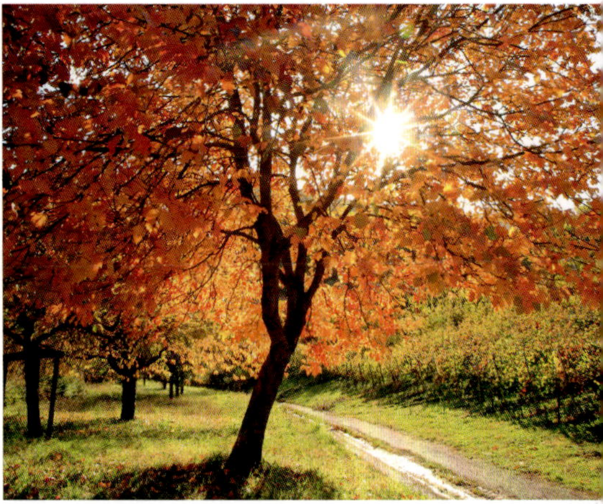

Steil den Berg hinauf Wir suchen uns in der Rohrackerstraße eine Parkmöglichkeit und gehen dann zu Gebäude Nr. 144, wo unsere Tour beginnt. Links von ihm folgen wir dem ansteigenden Weg. Er bringt uns hoch in die Weinberge. Wir ignorieren einen **rechts abgehenden Weg** 1 – auf ihm kommen wir am Ende wieder zurück – und steigen weiter auf bis zu einem Brunnen. Links von ihm gehen wir eine Treppe hinauf zu einem Querweg und dem ersten Schild des **Wein-Wanderwegs** 2.

Wir biegen nun rechts ab. Gleich darauf sehen wir rechts einen Steinhaufen – ein Eidechsenbiotop. Wir wandern, bis wir links oberhalb eine Bank sehen. Nun orientieren wir uns scharf links ③. Vorübergehend steigt der Weg steil an. Bei einer Reihe von Bänken treffen wir auf **Tafel 2** ④. Wir folgen dem Querweg nach rechts und kommen bald zu Station 3. Dort nehmen wir den rechts abgehenden Weg.

Über das Schützenhäusle zur Wangener Höhe An der Verzweigung gleich danach mit Station 4 halten wir uns rechts und kommen hinab zu Station 5 und zum dahinter liegenden **Schützenhäusle** ⑤. Von hier aus haben wir eine grandiose Aussicht ins Neckartal. Was man ringsum sieht, ist auf einer Metalltafel erklärt. Wir folgen nach dem Schützenhäusle dem nach links ziehenden Weg, ab jetzt begleiten uns meist eingezäunte Gärten.

Bald folgen wir dem nächsten **rechts abgehenden Weg** ⑥, danach halten wir uns an einer Verzweigung links. Nun folgen wir im Prinzip immer dem geradeaus führenden Weg. Bei einem rechts abgehenden Weg kann man abkürzen und sich schon wieder auf den Rückweg begeben: Dazu halten wir uns nach dem Burgbrünnele mit dem liegenden Faun rechts in

Linke Seite: Doppelte Farbenpracht im Herbst: Sowohl Bäume als auch Weinlaub leuchten in den herrlichsten Farben.

Ein Brunnen ist immer eine willkommene Abwechslung.

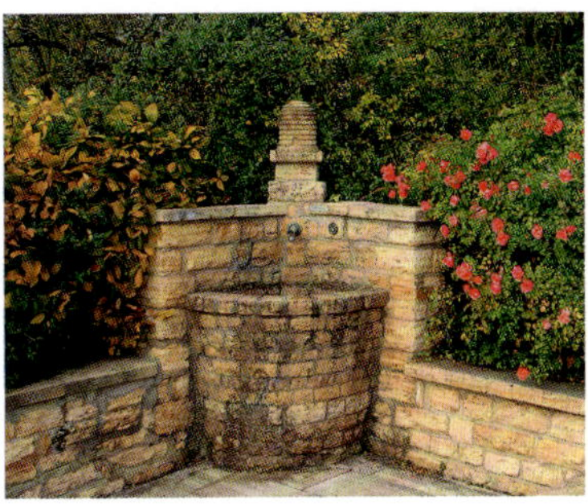

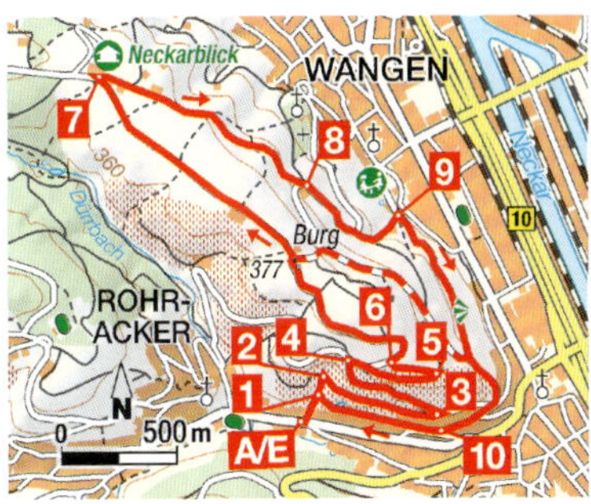

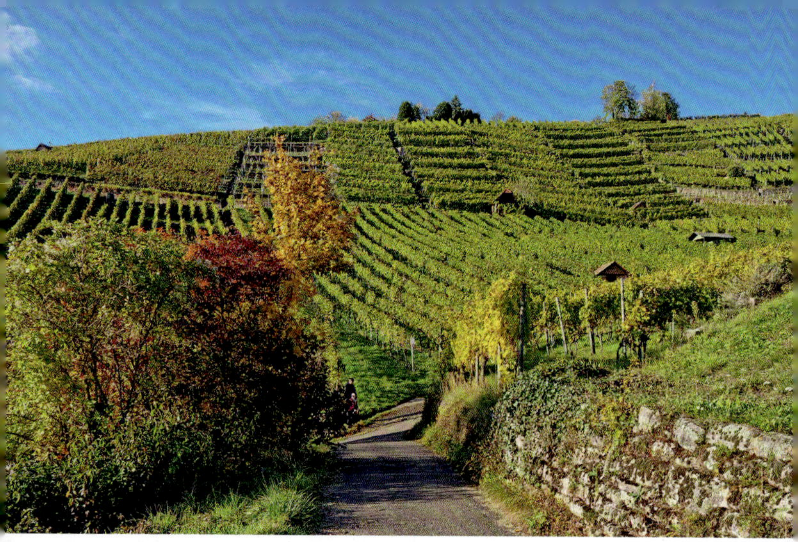

Die von alten Mauern gesicherten Weinberge bieten immer einen schönen Anblick.

den Rennweg, ignorieren zunächst den rechts abgehenden und danach den links abgehenden Rotweg/Kirchweg und folgen schließlich dem Weg Oberes Rot nach rechts. Nach einem Linksbogen stoßen wir auf den Weg, auf dem später auch die Wanderer der längeren Tourvariante zurückkommen, und folgen ihm nach rechts.

Wenn man die längere Tour unternehmen will, geht man nach dem Burgbrünnele stattdessen geradeaus weiter, passiert das Bienenbrünnele und eine Gaststätte und kommt auf die Wangener Höhe.

Ab jetzt bergab An dem Platz mit dem gusseisernen **Eugen-Denneler-Brunnen** 7 biegen wir scharf rechts ab. Der Weg fällt jetzt erneut und wir haben immer wieder einen schönen Blick nach links ins Neckartal und zur Grabkapelle auf dem Württemberg. Wir passieren eine weitere Gaststätte und stoßen nach etwas Bergabgehen auf die **Gaststätte Waldheim** 8. Links von dieser wandern wir geradeaus weiter.

Wo danach der Weg eine Linkskurve beschreibt, gehen wir geradeaus auf einem schmalen Pfad zwischen den eingezäunten Grundstücken weiter. Auf ihm müssen wir besonders bei feuchtem Wetter aufpassen, dass wir nicht ausrutschen. Der Pfad zieht nach links und bringt uns teilweise auf Treppenstufen hinab zu zwei breiten **asphaltierten Wegen** 9. Wir folgen hier dem rechten Weg, der nun eine Weile wieder ansteigt.

Ab der Stelle, an der von rechts ein Weg einmündet, geht es wieder bergab. Bei den ersten Häusern folgen wir dem rechts abgehenden Alosenweg und bald darauf dem ebenfalls rechts abzweigenden **Bächlenweg** 10. Er steigt zwar etwas an, dafür wandern wir nach den Häusern wieder ein Stück durch die Weinberge.

Viel zu bald stoßen wir wieder auf den Weg, den wir vom Beginn der Wanderung kennen 1. Er bringt uns nach links hinab zur Rohrackerstraße, von wo aus wir zu unserem Ausgangspunkt zurückgehen.

Wein-Wanderweg

Der Wein-Wanderweg wurde von der Weingärtnergenossenschaft Hedelfingen eG eingerichtet. Auf den Informationsschildern findet man QR-Codes. Wenn man sie scannt, kann man Filme sehen und Fragen beantworten, bei denen es sogar etwas zu gewinnen gibt.

Beim Schützenhäusle hat man einen herrlichen Blick ins Neckartal.

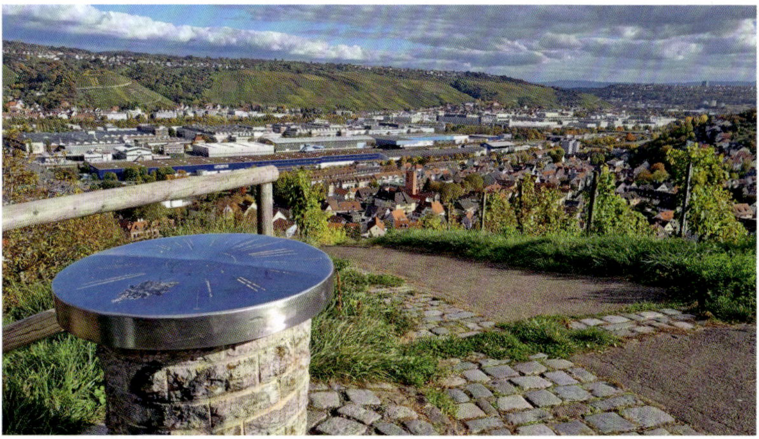

21 Von Degerloch nach Hohenheim

Idylle im Ramsbachtal

mittel 9,2 km | 90 Hm | 2.20 Std.

Tourencharakter: Wanderung auf festen Wegen

Ausgangspunkt: Stuttgart-Sillenbuch, Mittlere Filderstraße, Haltestelle Ruhbank/Fernsehturm oder Stuttgart-Degerloch, Georgiiweg, Stadtbahnhaltestelle Waldau

Endpunkt: Stuttgart-Plieningen (Hohenheim), Wollgrasweg

Anfahrt: Bus & Bahn: Anreise mit der Stadtbahn bis Haltestelle Ruhbank/Fernsehturm oder Waldau, zurück mit der Stadtbahn oder dem Bus ab Haltestelle Plieningen. Wer die Tour früher beenden will, kann auch bereits ab Birkach mit dem Bus zurückfahren.

Einkehr: Birkach, Hohenheim

Karten: Wanderkarte W228 Stuttgart, 1:25 000, Landesamt für Geoinformation und Landentwicklung Baden-Württemberg (LGL) in Zusammenarbeit mit dem Schwäbischen Albverein e.V.; Wanderkarte mit Radwegen Stuttgart Südost Blatt 52-539, 1:25 000, NaturNavi

Der Anfang dieser Tour verläuft im schattigen Wald, was besonders an heißen Tagen angenehm ist. Der landschaftlich schönste Teil ist aber das idyllische Ramsbachtal. Abschließend kann man sich noch den herrlichen Park in Hohenheim ansehen.

Durch den Wald ins Ramsbachtal Es gibt zwei Ausgangspunkte für diese Wanderung, je nachdem, von wo man herkommt. Von der Haltestelle Ruhbank aus überqueren wir die Mittlere Filderstraße nach Westen zum Parkplatz, wo der Georgiiweg beginnt. Wenn man von der Haltestelle Waldau kommt, ist man bereits im Georgiiweg und folgt ihm nach Osten. In der Mitte der beiden Möglichkeiten verläuft der **Guts-Muths-Weg** 1, in den wir einbiegen. Anfangs kann man auch auf dem Waldweg wandern, der östlich der Straße verläuft und direkt am Parkplatz beginnt. Auf ihm kommen wir an verschiedenen Informationstafeln eines Lehrpfads vorbei.

Kurz nachdem rechts der Friedrich-Strobel-Weg abgegangen ist, müssen wir auf die Straße wechseln und folgen ihr in Gehrichtung. Bald wandern wir auf dem Bebenhauser Weg in den Wald hinein.

Wo wir rechts eine Schutzhütte sehen, biegen wir rechts ab in den **Mörikeweg** 2. Ihm folgen wir eine ganze Zeitlang geradeaus, wobei wir an der mächtigen Häußlereiche vorbeikommen. Dann queren wir das Königsträßle in Richtung Haus des Waldes.

Nach dieser Einrichtung biegen wir mit dem Wanderzeichen blaues Kreuz links ab in den **Roßhauweg** 3. Wir überqueren eine Kreuzung und halten uns an der

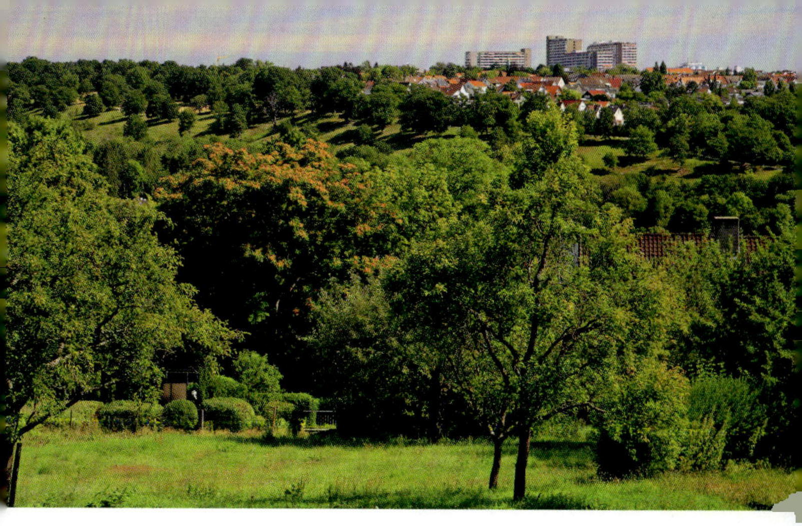

Von unterwegs bietet sich ein herrlicher Rückblick nach Degerloch.

nächsten Verzweigung, noch vor den Infostationen vom Haus des Waldes, rechts.
Wir ignorieren einen rechts abgehenden Weg und treffen bald auf einen querenden Weg. In ihn biegen wir rechts ein, dann halten wir uns an der Verzweigung mit dem Zeichen Kreis für Rundwanderweg links in den Zedernweg. Nun fällt der Weg ab zu einem querenden Weg. Ihm folgen wir nach rechts, passieren eine Schranke und gehen durch Kleingärten, bis links der **Eugen-Kucher-Weg** 4 abgeht.

Durch das Ramsbachtal nach Schönberg

Ihm folgen wir weiter durch Kleingärten, die teilweise ein recht idyllisches Bild bieten. Nach einer Verzweigung halten wir uns weiter in den rechten **Eugen-Kucher-Weg** 5, der bald eine Weile durch den Wald führt. Danach wandern wir durch das Wiesental des Ramsbachs, dann wieder entlang von Kleingärten. Rechts sehen wir bereits die riesigen Häuser des Stadtteils Asemwald aus dem Wald emporwachsen.

Kinderwagen

Die Wanderung kann mit dem Kinderwagen unternommen werden, sie ist aber relativ lang. Wenn man auf die Parkbesichtigung verzichtet, reduziert sich die Tour um 0,5 km und 30 Hm.

Über Birkach nach Hohenheim An einem querenden Weg zweigen wir links ab und wandern zu den Sportplätzen. Nach ihnen biegen wir rechts ab in einen **schmalen Weg** 6, der uns in den Wald führt. Dort steigen wir hinauf, passieren die Jugendfarm, halten uns danach rechts und kommen zu den ersten Häusern von Birkach. Hier biegen wir rechts ab in die Aulendorfer Straße. Ihr folgen wir nach rechts hinauf, wobei wir an der Bushaltestelle Birkach West vorbeikommen. Danach biegen wir links ab in die **Birkheckenstraße** 7, die uns in die Birkacher Ortsmitte bringt. Dort wenden wir uns nach links in die Alte Dorfstraße. Vorbei an einigen alten Häusern und dem Kirchlein, das Herzog Carl Eugen für seine Franziska von Hohenheim erbauen ließ, verlassen wir Birkach. Nun wandern wir in der Schwerzstraße nach Hohenheim und haben einen prächtigen Blick nach links bis zur Schwäbischen Alb.

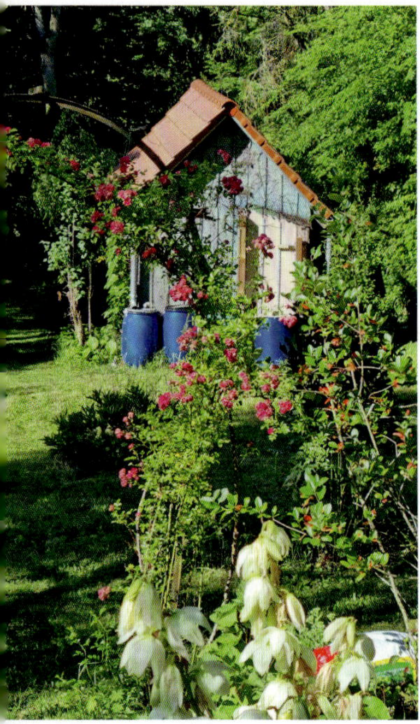

Gartenidylle im Ramsbachtal

Durch den Schlosspark von Hohenheim Vor den Feldern gehen wir nach rechts in den **Park** 8. Jetzt haben wir zwei Möglichkeiten: Wer die Wanderung gleich beenden möchte, geht links des Schlosses geradeaus durch den Park, folgt dann weiter geradeaus der Garbestraße, überquert den Kreisverkehr und erreicht kurz danach die Stadtbahnhaltestelle Plieningen.

Wer jedoch noch Zeit hat, dem empfiehlt sich der etwas längere Weg durch den Park. Am besten ist es, man informiert sich am Eingang auf der Infotafel über das bisweilen verwirrende System der vielen Wege, die durch den Park führen. Eine der vielen Varianten sei aber hier beschrieben: Wir halten uns gleich nach Betreten des Parks links. Dieser Weg beschreibt einen großen Bogen, bis von rechts der geradeaus vom Schloss kommende Weg quert. Ihm folgen wir als Pappelallee nach links abwärts bis zu einer Aussichtsterrasse, von der wir hinab auf zwei Seen und weiter nach Plieningen sehen.

Links unterhalb der Aussichtsterrasse folgen wir dem Weg hinab zum linken See. Hinter ihm nehmen wir den zweiten Weg, der etwas ansteigt. Wir gehen nun in einem weiten Rechtsbogen, bis er stark nach rechts zieht. Linker Hand sehen wir den Hügel mit dem ikonischen Monopteros, der mit seinen weißen Säulen schon von Weitem gut zu erkennen ist. Er kann auch bestiegen werden.

Danach überqueren wir einen Weg und biegen in den zweiten nach rechts ein. Er bringt uns zum Exotischen Garten, wo wir waldartig mächtige Baumriesen sehen. Nach einem links liegenden Weiher biegen wir vor dem Spielhaus, das einen italienischen Eindruck erweckt, links ab. Vorbei an einem Obelisken, der an Franziska und Carl Eugen erinnert, wandern wir bis zu einem querenden Weg. Nach rechts verlassen wir den Park zur Garbestraße, gehen dort nach links über den Kreisverkehr und erreichen kurz darauf die Stadtbahnhaltestelle Plieningen.

Romantische Szenerie im Park Hohenheim

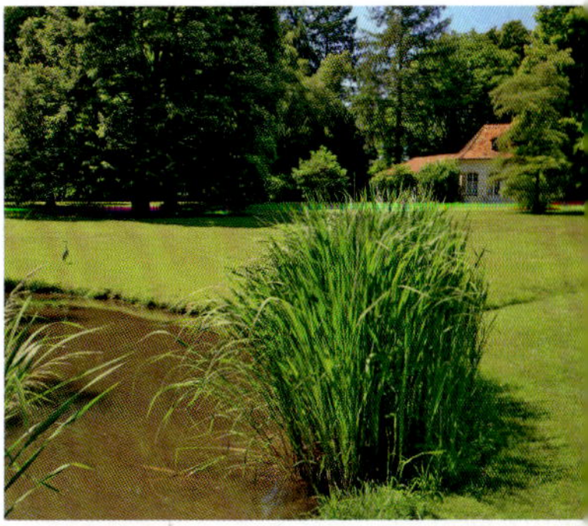

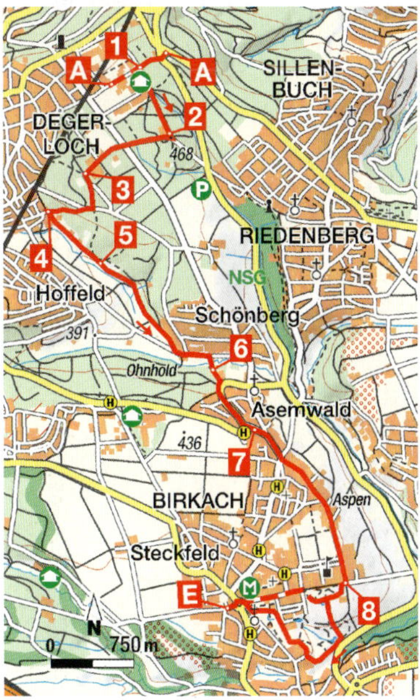

22 Vom Fernsehturm nach Hohenheim

Aussichtsturm und Schloss

leicht | 7,6 km | 40 Hm | 2 Std.

Tourencharakter: Wir wandern auf festen Wegen.

Ausgangspunkt: Stuttgart-Sillenbuch, Mittlere Filderstraße, Haltestelle Ruhbank/Fernsehturm oder Stuttgart-Degerloch, Georgiiweg, Stadtbahnhaltestelle Waldau

Endpunkt: Stuttgart-Plieningen (Hohenheim), Wollgrasweg

Anfahrt: Bus & Bahn: Anreise mit der Stadtbahn bis Haltestelle Ruhbank/Fernsehturm oder Waldau, zurück mit der Stadtbahn oder dem Bus ab Haltestelle Plieningen

Einkehr: Waldau, Hohenheim

Kinderwagen: Gut geeignet

Karten: Wanderkarte W228 Stuttgart, 1:25000, Landesamt für Geoinformation und Landentwicklung Baden-Württemberg (LGL) in Zusammenarbeit mit dem Schwäbischen Albverein e.V.; Wanderkarte mit Radwegen Stuttgart Südost Blatt 52-539, 1:25000, NaturNavi

Wir wandern bei dieser Tour zwischen zwei Extremen: Wir starten am berühmten Stuttgarter Fernsehturm, einer weithin sichtbaren Landmarke, wandern durch Wald und zwischen Wiesen und erreichen am Schluss das prächtige Schloss Hohenheim mit seinem Schlosspark und der Universität.

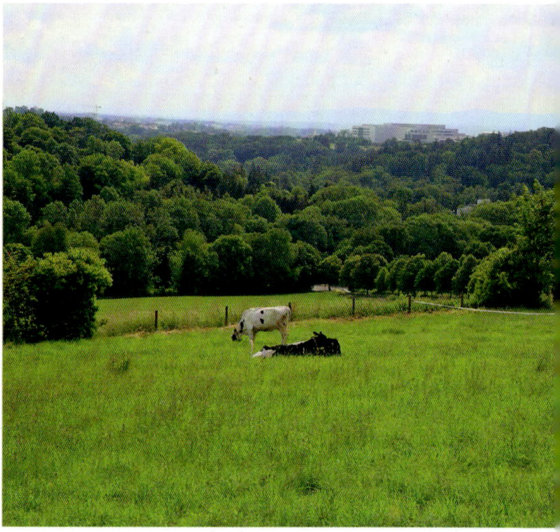

Durch den Wald nach Kleinhohenheim Zwei gleicherweise gute Ausgangspunkte bietet diese Tour, je nachdem, von wo man anfährt. Ausgehend von der Haltestelle Waldau folgt man dem Georgiiweg nach Osten und biegt dann rechts in den **Guts-Muths-Weg** (1) ein. Wanderer, die an der Haltestelle Ruhbank/Fernsehturm ausgestiegen sind, wandern nach

Westen und halten sich an derselben Stelle links. Am Abzweig beginnt auch ein Waldweg, dem man bis nach dem abgehenden Friedrich-Strobel-Weg ebenfalls folgen kann. Danach geht es auf der Straße weiter, erst im Wald, dann auf dem Bebenhauser Weg. Nach einer Kreuzung geht er in den Wiesenweg über. Bei einer Lichtung auf der rechten Seite sehen wir einen mächtigen **Gebirgsmammutbaum** 2. Etwas später erreichen wir den Waldrand. Hier zieht unser Weg zwar nach rechts, wir sollten aber kurz hinaus vor die Wiesen gehen, denn von dort haben wir einen ersten **Blick auf die Schwäbische Alb** 3.
Danach folgen wir dem Weg nach rechts zum Königsträßle. Dort wandern wir auf dem hinter der Straße verlaufenden Fußweg nach links. An der nächsten

Linke Seite: Schon vor Hohenheim haben wir eine weite Aussicht bis zur Schwäbischen Alb.

Eine Fahrt hinauf zur Aussichtsplattform des Fernsehturms lohnt sich – von oben bietet sich dieser herrliche Blick über Stuttgart.

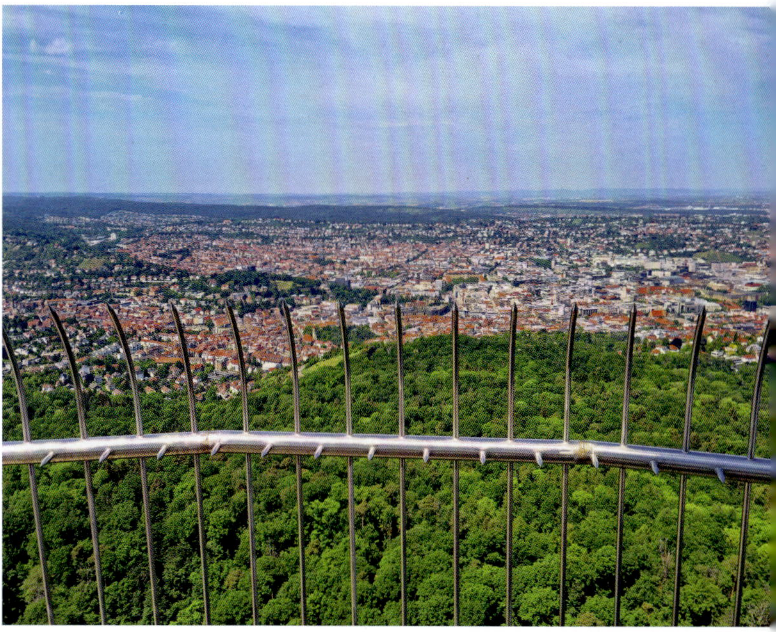

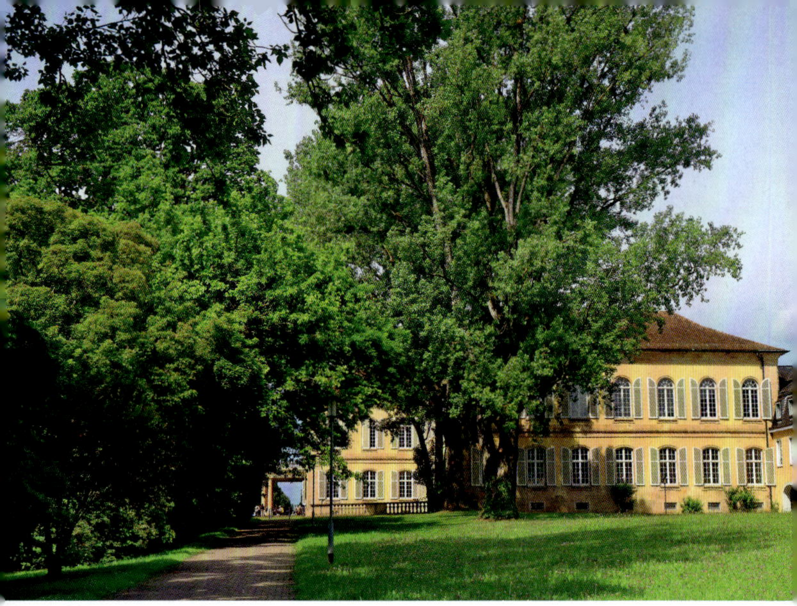

Im Park von Schloss Hohenheim sieht man nicht nur eine riesige Schlossanlage, sondern auch prächtige alte Baumriesen.

Kreuzung können wir nach links abbiegen. Der Weg bringt uns nach **Kleinhohenheim** ❹, heute die Versuchsstation Agrarwissenschaften der Universität Hohenheim.

Durch die Felder nach Hohenheim Wir halten uns vor dem ersten Haus rechts, danach zieht der Weg nach links. Nun fällt er ab; mit schönem Blick nach links zum Naturschutzgebiet Eichenhain und nach vorne zur Schwäbischen Alb erreichen wir das Ende des Betriebsgeländes der Versuchsstation. Dort gehen wir in der Rotwiesenstraße nach links hinab. Wir überqueren die Aulendorfer Straße und wandern danach geradeaus weiter.

Wir überqueren die **Riedenberger Straße** ❺, behalten noch kurz unsere Richtung bei und zweigen gleich darauf rechts ab. Der Weg zieht nach links und wir steigen sanft durch die Wiesen mit schönem Blick zur Birkacher Kirche bis zu einem querenden Weg vor den Häusern von **Birkach** ❻. Hier gehen wir nach links hinab, halten uns am nächsten Querweg rechts und dann gleich wieder links.

Nun wandern wir bis zur querenden **Kirschenallee** 7. Wir gehen sie hinauf nach Hohenheim, wo wir nach der querenden Schwerzstraße in den Schlosspark gelangen. Wir wandern links des **Schlosses** 8 geradeaus weiter, vielleicht auch links an den Balustraden entlang, und verlassen auf der anderen Seite den Schlosspark wieder.

Nun folgen wir der Garbenstraße. Rechts liegt bald eine **Außenstelle des Deutschen Landwirtschaftsmuseums** 9, wobei man bereits vor dem Gebäude alte Traktoren und andere Exponate sieht. Wir wandern weiter zum Kreisverkehr. Vor ihm befindet sich eine Bushaltestelle, ansonsten gehen wir nach dem Kreisverkehr im Wollgrasweg bis zur Stadtbahnhaltestelle Garbe.

Kurz nach Beginn der Tour kommt man an diesem mächtigen Gebirgsmammutbaum vorbei.

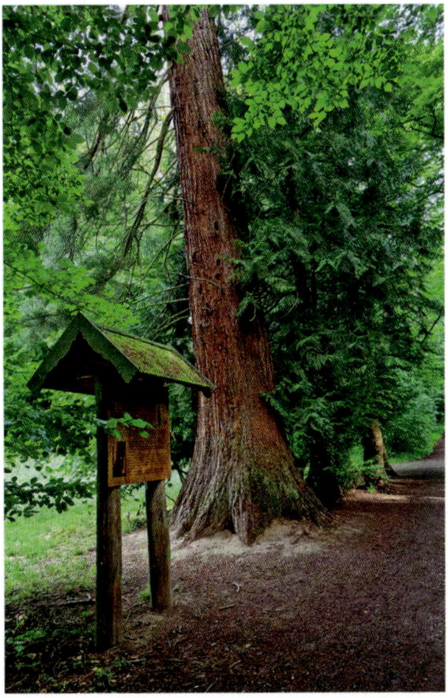

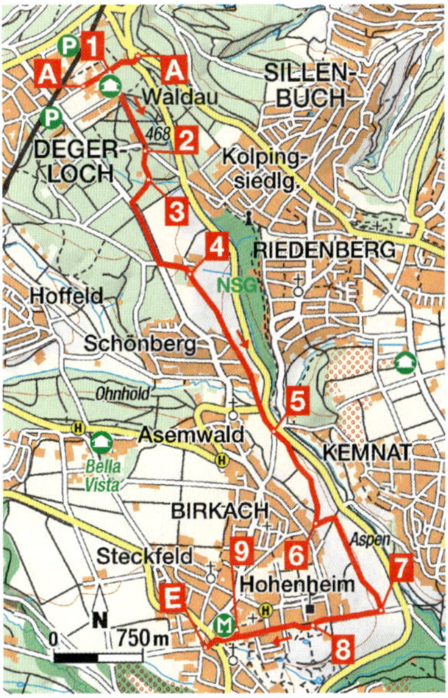

23 Von Büsnau zur Blutbuche

Durch urtümliche Waldstücke

leicht | 6,6 km | 50 Hm | 1.40 Std.

Tourencharakter: Wir wandern auf festen Wegen. Wer am Ende die Erweiterung nimmt, wandert auch ein Stück auf einem Pfad.

Ausgangs-/Endpunkt: Stuttgart-Büsnau, Büsnauer Platz

Anfahrt: Bus & Bahn: Bus bis Haltestelle Büsnauer Platz; Auto: Von Stuttgart-Vaihingen oder über den Schattenring nach Stuttgart-Büsnau. Autofahrer finden auf dem Büsnauer Platz und in der Straße Am Schattwald Parkmöglichkeiten. GPS: 48.750092, 9.080127

Einkehr: Keine

Karten: Wanderkarte W228 Stuttgart, 1:25 000, Landesamt für Geoinformation und Landentwicklung Baden-Württemberg (LGL) in Zusammenarbeit mit dem Schwäbischen Albverein e. V.; Wanderkarte mit Radwegen Stuttgart Südwest Blatt 50-539, 1:25 000, NaturNavi

Der Wald nördlich von Büsnau hat den Vorteil, dass er nicht zu den Ausflugs- und Wander-Hotspots der Stadt gehört. Das heißt, dass man seine Tour recht ungestört absolvieren kann und nicht allzu viele andere Wanderer trifft – und das in einem Wald, der noch sehr naturnah wirkt.

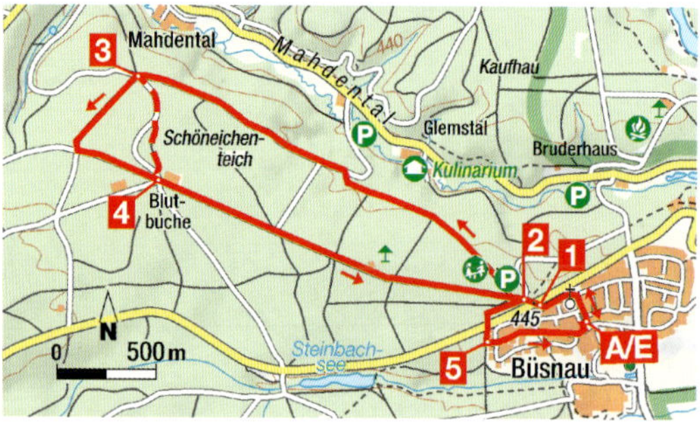

Zur Blutbuche Wir gehen ab der Bushaltestelle die Straße Büsnauer Platz in nördlicher Richtung hinauf bis zur Kirche. Dort biegen wir links ab in die Straße Am Schattwald, wo es ebenfalls Parkplätze gibt. Bei Haus Nr. 57 nehmen wir den rechts abgehenden **schmalen Pfad** ❶, überqueren vorsichtig die Magstadter Straße und kommen danach zu einem **Parkplatz** ❷. Hier kann man als Autofahrer die Tour auch starten.

Nun biegen wir links ab, passieren die Schranke und gehen bis zum nächsten Abzweig. Hier orientieren wir uns rechts. Wir wandern eine ganze Zeit lang geradeaus, wobei wir uns zweimal an Verzweigungen rechts halten. Schließlich kommen wir zu einem

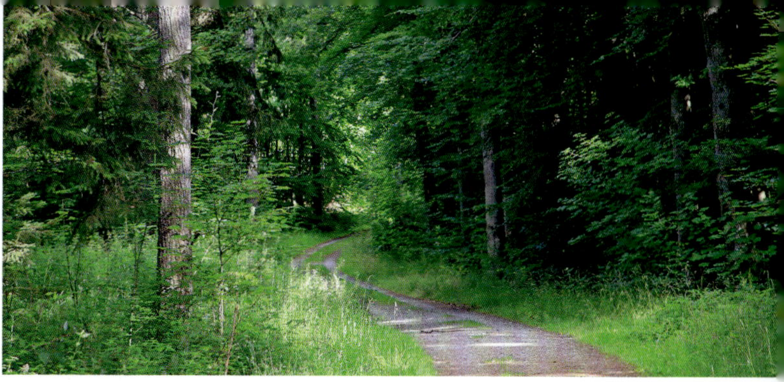

Bei dieser Tour durchquert man schöne Waldgebiete.

querenden Weg mit dem **Wanderschild Blutbuche** (460 m) 3. Nach links führt der schnellste Weg zur Wegspinne Blutbuche. Wer Zeit hat, geht an der Kreuzung geradeaus weiter bis zum nächsten querenden Weg. Er ist asphaltiert und bringt uns nach links zur **Wegspinne Blutbuche** (473 m) 4.

Auch auf dem Rückweg durch den Wald Wir wandern geradeaus weiter und passieren bald einen großen Grenzstein, der die einstige Grenze zwischen den Oberämtern Stuttgart und Leonberg markiert. Etwas später kommen wir an einer Schutzhütte vorbei, danach erreichen wir nach der Schranke wieder den **Parkplatz** 2.

Nun hat man zwei Möglichkeiten: Entweder geht man auf dem bekannten Weg zurück zum Ausgangspunkt oder man biegt mit dem Wanderzeichen rotes Kreuz rechts ab auf einen schmalen Pfad. Er führt uns etwas später zur Magstadter Straße. Wir überqueren sie und wandern auf der anderen Seite entlang der Gärten, bis links ein Weg zu den Häusern führt 5. Er bringt uns als Buchenländer Straße durch das Wohngebiet bis zum Büsnauer Platz, wo wir links die Bushaltestelle finden.

Kinderwagen

Die Wanderung verläuft auf geschotterten Waldwegen, mit Kinderwagen sollte man am Ende die kürzere Variante nehmen. Bei Start am Büsnauer Platz muss man die Magstadter Straße überqueren; kommt man mit dem Auto, startet man am besten auf dem Parkplatz auf der anderen Seite.

24 Vom Katzenbachsee zum Steinbachsee

Zwei-Seen-Tour bei Büsnau

leicht | 6,9 km | 60 Hm | 1.45 Std.

Ausgangs-/Endpunkt: Büsnau, Büsnauer Straße/Heisenbergstraße

Anfahrt: Bus & Bahn: Bus nach Büsnau, Haltestelle Max-Planck-Institute; Auto: Über Stuttgart-Vaihingen nach Büsnau oder über den Schattenring zum Kreisverkehr im Schattengrund, dann in Richtung Stuttgart-Büsnau, dort links in die Büsnauer Straße bis zur rechts abgehenden Heisenbergstraße, wo man parken kann, GPS: 48.746942, 9.084208

Einkehr: Katzenbacher Hof

Kinderwagen: Geeignet, allerdings kann man nicht direkt an den Seen entlanggehen

Karten: Wanderkarte W228 Stuttgart, 1:25000, Landesamt für Geoinformation und Landentwicklung Baden-Württemberg (LGL) in Zusammenarbeit mit dem Schwäbischen Albverein e.V.; Wanderkarte mit Radwegen Stuttgart Südwest Blatt 50-539, 1:25000, NaturNavi

Der Katzenbacher Hof ist ein uriger Waldgasthof mit einem schönen Spielplatz. Zudem warten zwei Seen, die es zwar an Bekanntheit nicht mit den Parkseen in der Nähe aufnehmen können, dafür aber ebenso idyllische Gewässer sind.

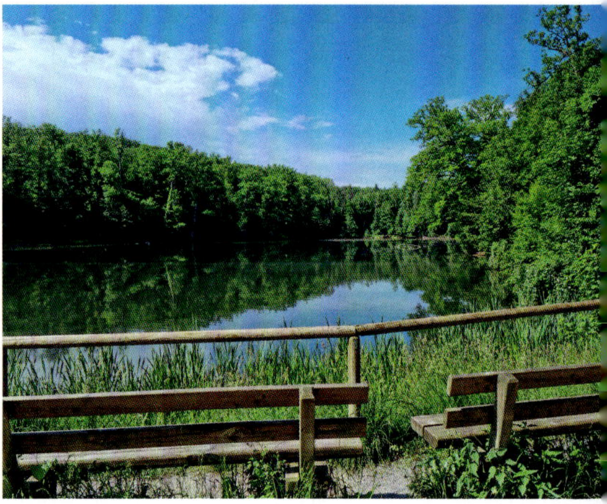

Zum Katzenbachsee Wir biegen von der Haltestelle Max-Planck-Institute aus in die Heisenbergstraße ein und folgen dieser mit dem Wanderzeichen rotes Kreuz entlang der Gebäude der Max-Planck-Institute. Nach der Linkskurve der Straße biegen wir rechts ab und halten uns nach der Schranke links. Nun folgen wir dem Forstweg, bis wir vor dem **Katzenbachsee** 1 stehen.

Zum Bannwald Wir wandern rechts des Sees weiter, bis der Weg nach rechts zieht. Nun haben wir zwei

Möglichkeiten: Man kann auf einem Naturweg direkt am See entlanggehen oder nach rechts dem Katzenbachseeweg folgen, aber gleich links in den unbefestigten Weg abzweigen. Dieser bringt uns zum Espenschlägleweg, wo wir uns links halten. In beiden Fällen wandern wir bis zum querenden Sandweg, wo es nach rechts weitergeht.

Der interessantere Weg ist aber sicher der Naturweg, der am See entlangführt. Nach diesem gehen wir mit dem roten Kreuz weiter unbefestigt geradeaus weiter, ebenfalls bis zum Sandweg, und halten uns rechts. Nun wandern wir mit dem Zeichen blauer Balken auf dem breiten Forstweg, bis links der **Brunnenweg** 2 abgeht; auch er ist mit dem blauen Balken markiert. An der nächsten Verzweigung nehmen wir mit dem Zeichen die linke Mietholzallee. Wir queren den Hirschbiegelweg und gehen bei der darauffolgenden Verzweigung geradeaus weiter. An der Verzweigung im Anschluss weist uns der blaue Balken nach rechts 3. Es geht etwas bergauf, dann biegen wir bei einer sanften Linkskurve rechts in den

Tourencharakter

Wir wandern auf festen Wegen, nur entlang der beiden Seen auf Pfaden. Da sie teilweise direkt am Steilufer entlangführen, sollte man gut auf mitwandernde Kinder aufpassen oder die einfacheren Varianten gehen. Wegen der Steilufer und des erdigen Untergrunds nicht bei Nässe, Eis und Schnee zu empfehlen, auch dann sollte man die Varianten benutzen.

Linke Seite: Ideal für eine Rast – Bänke am Katzenbachsee

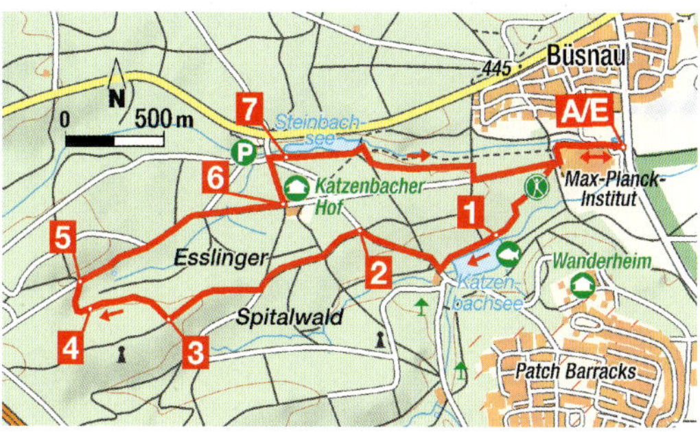

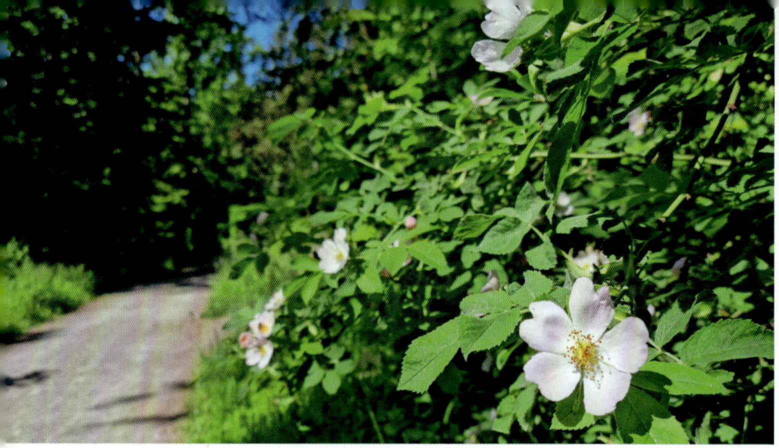

Blüten im Wald sind immer etwas Besonderes.

unbefestigten Weg 4 ab, der recht unberührt wirkt und uns durch einen Bannwald führt.

Zum Katzenbacher Hof Nun fällt der Weg sanft ab, wird am Ende schmäler und bringt uns zu einem querenden **Forstweg** 5. Wir halten uns rechts in die Hausallee. Ihr folgen wir bis zu der großen Lichtung, wo wir nach dem Spielplatz die **Gaststätte Katzenbacher Hof** 6 sehen. Wir biegen aber gleich nach dem Wald links ab.

Rückweg entlang des Steinbachsees Es geht bald kurz und steil hinab zu einem Parkplatz, wo wir uns rechts in den Steinbachweg halten. Kurz darauf hat man wieder die Möglichkeit, nach links abzuzweigen 7 und entlang des Steinbachsees zu wandern, allerdings wieder auf einem Naturpfad. Wer dies nicht will, folgt weiter dem Steinbachweg. Ansonsten geht es direkt am Ufer entlang, wobei wir an ein paar Grenzsteinen mit dem württembergischen Wappen vorbeikommen. Am Ende des Sees geht es mit einem Rechts-links-Knick im Steinbachweg weiter. Nach ein paar Minuten biegen wir rechts, dann links in das Katzenbacherhofsträßle ab. Dieses führt uns zum Waldrand. Jetzt geht es auf bekanntem Weg in der Heisenbergstraße zurück zum Ausgangspunkt.

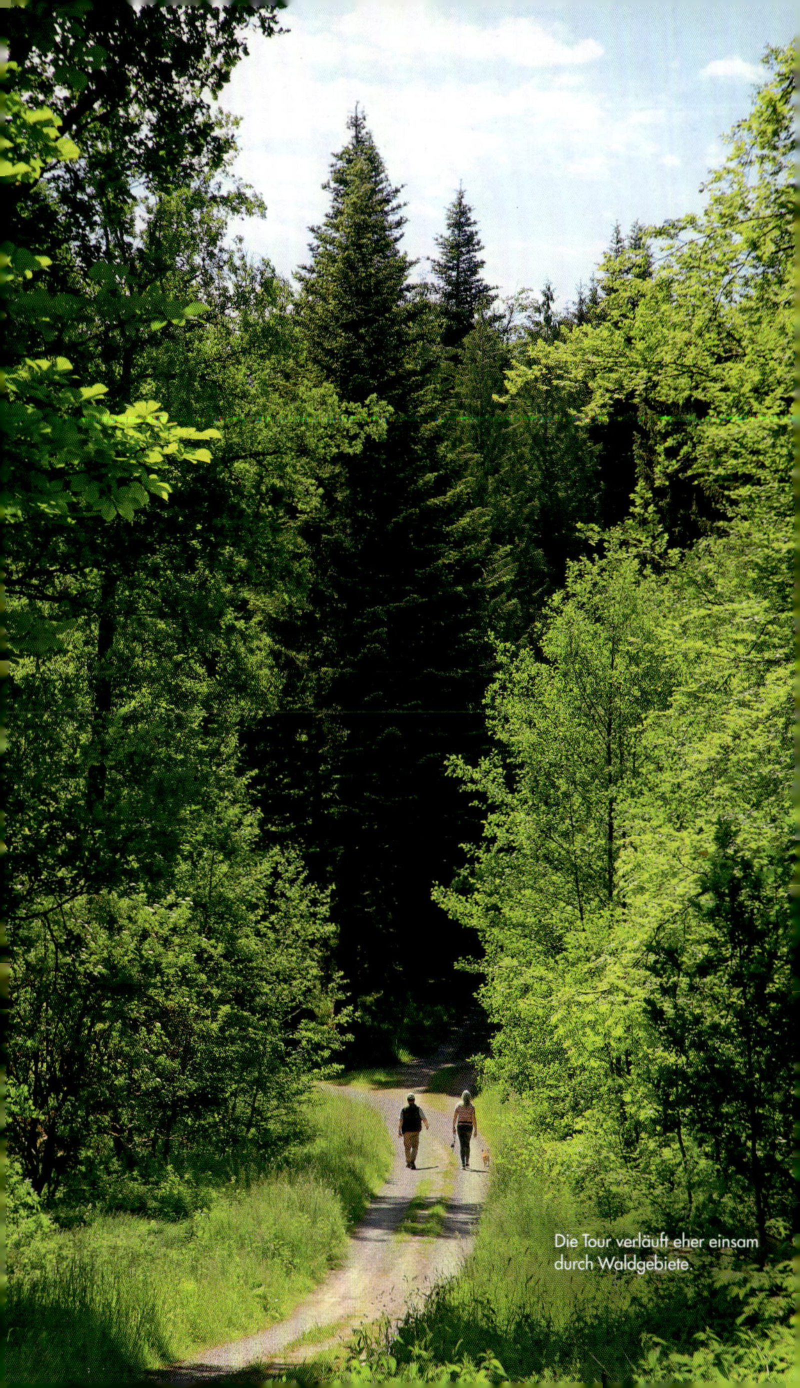

Die Tour verläuft eher einsam durch Waldgebiete.

25 Rund um Büsnau

Wald und Seeidylle

leicht | 6,5 km | 110 Hm | 1.45 Std.

Tourencharakter: Wir wandern auf festen Wegen und Naturpfaden.

Ausgangs-/Endpunkt: Stuttgart-Büsnau, Büsnauer Straße; die Tour kann auch an der Bushaltestelle Schattengrund begonnen und beendet werden.

Einkehr: Keine

Kinderwagen: Da die Naturpfade auf dieser Wanderung teilweise schmal sind, ist die Wanderung für Kinderwagen ungeeignet.

Karten: Wanderkarte W228 Stuttgart, 1:25 000, Landesamt für Geoinformation und Landentwicklung Baden-Württemberg (LGL) in Zusammenarbeit mit dem Schwäbischen Albverein e. V.; Wanderkarte mit Radwegen Stuttgart Südwest Blatt 50-539, 1:25 000, NaturNavi

Ein Großteil der Wanderung verläuft im schattigen Wald, was an heißen Sommertagen ideal ist. Da man immer wieder schöne Naturszenen sieht, ist dies interessanter, als man zuerst glaubt. Ein Naturjuwel erwartet uns aber am Ende: das Naturschutzgebiet Büsnauer Wiesental mit einem idyllischen See.

Durch den Wald zum Schattengrund Wir gehen von der Bushaltestelle Max-Planck-Institute kurz in Richtung Büsnau, dann biegen wir links ab in die Heisenbergstraße. Etwas später zweigen wir rechts ab in den Elisabeth-Bauser-Weg. Er führt uns hinab ins Tal des Steinbachs. Wir wandern immer geradeaus, auch wenn sich der Weg nach einer Kreuzung Steinbachsträßchen nennt.
Nach einiger Zeit zieht der Weg nach rechts und wir folgen einem querenden Weg mit dem Zeichen rotes Kreuz in Gehrichtung. Es geht links der Bebauung bis zur **L1189** ❶. Wir überqueren sie und biegen gleich danach mit den Wanderzeichen rotes Kreuz und Martinusweg rechts ab. Nun wandern wir auf einem teilweise schmalen Naturpfad bis zu einem Parkplatz. Hinter ihm verzweigen sich die Pfade. Hier folgen wir mit dem Zeichen blauer Balken dem etwas abwärts führenden linken Weg. Er windet sich durch den Wald, dann stoßen wir auf einen breiten Forstweg (Glemsbuchensträßle), dem wir nach rechts folgen. Bald quert der Büsnauer Weg, danach wandern wir auf dem Büsnauer-Tor-Weg. Anschließend müssen wir aufpassen, denn der mit dem blauen Balken markierte Weg zweigt als Pfad nach links vom brei-

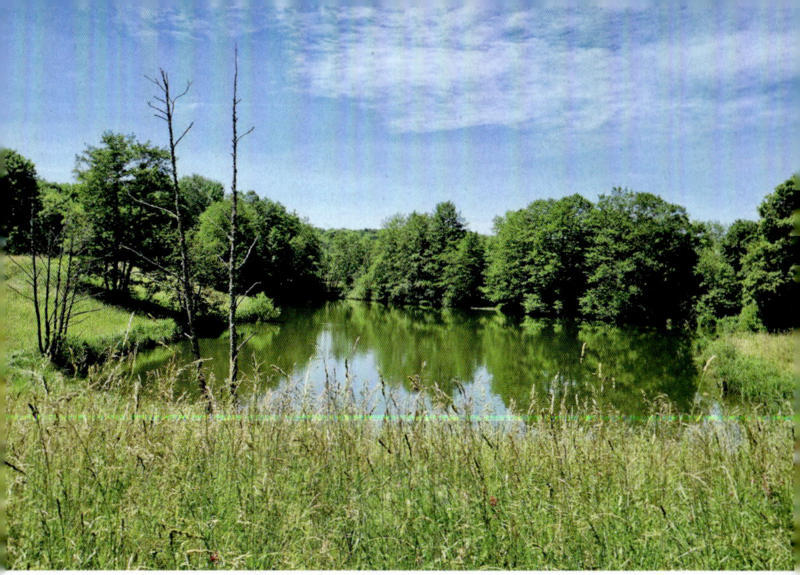

ten Forstweg ab. Er fällt nun etwas, später verlassen wir den Wald und wandern zwischen Waldrand und Wiese zur **L1189** **2**, wo sich auch eine der beiden Bushaltestellen Schattengrund befindet.

Diesen idyllischen See findet man direkt in der Nachbarschaft der Universität.

Zum idyllischen Büsnauer Wiesental Wir unterqueren die Straße und kommen danach nach links zum Wanderparkplatz Schattengrund. Hier gehen wir kurz geradeaus weiter, dann biegen wir in den zweiten rechts abgehenden Weg (Roter Weg) ab. Nun steigt der Weg wieder an. Wo wir links eine Brücke sehen, zweigen wir rechts ab. Es geht etwas Bergauf, dann wandern wir an der nächsten Kreuzung mit dem Zeichen blauer Balken geradeaus weiter in Richtung »4 Eichen«.

Bald mündet von rechts ein Weg ein, wir gehen im Roten Weg weiter. Die Strecke verläuft eine Weile sanft bergauf, dann dürfen wir nicht verpassen,

Anfahrt

Bus & Bahn: Bus nach Büsnau bis Haltestelle Max-Planck-Institute; Auto: Über Stuttgart-Vaihingen nach Büsnau oder über den Schattenring zum Kreisverkehr im Schattengrund, dann in Richtung Stuttgart-Büsnau, dort links in die Büsnauer Straße bis zur rechts abgehenden Heisenbergstraße, wo man parken kann, GPS: 48.747000, 9.084182. Alternativ kann man die Tour auch am Wanderparkplatz Schattengrund beginnen.

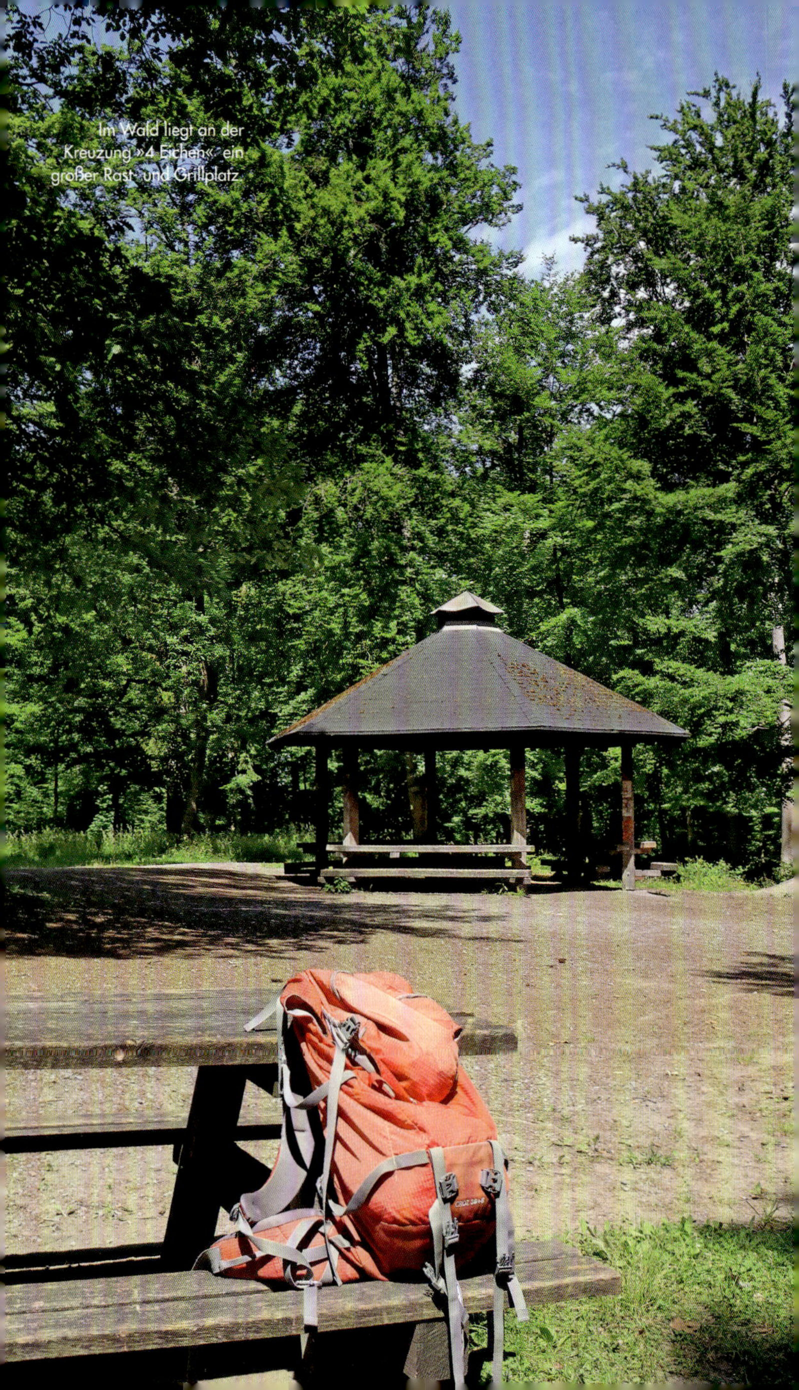

Im Wald liegt an der Kreuzung »4 Eichen« ein großer Rast- und Grillplatz.

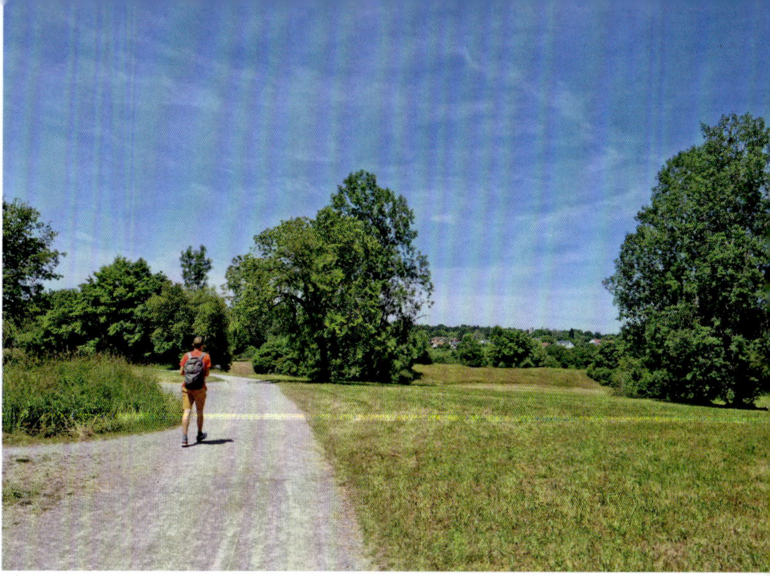

dass der mit dem blauen Balken markierte Wanderweg rechts abzweigt. Er bringt uns zu der großen Kreuzung **4 Eichen** ❸ mit Schutzhütte, Grillstelle, Tisch und Bänken. Danach biegen wir rechts ab in das Steinsträßchen. Ihm folgen wir bis zur links abgehenden Wüste-Wiesen-Allee. Sie bringt uns mit dem roten Kreuz vor die **Gebäude der Universität** ❹. Dort biegen wir rechts ab in den Burgstallweg, der mit dem roten Punkt und Kreuz markiert ist. Am querenden Bandtälesweg biegen wir links ab und verlassen bald den Wald. Hier sehen wir rechts einen idyllischen **See** ❺, an dem wir kurz darauf im Weg Glattmannsbrühl entlanggehen.

Nach dem See zieht der Weg nach rechts und schwingt sich durch das Naturschutzgebiet Büsnauer Wiesental. Bevor der Weg in den Wald führt, biegen wir mit dem roten Kreuz links ab ❻ und wandern zurück zum Ausgangspunkt.

Am Schluss wandern wir durch das Naturschutzgebiet Büsnauer Wiesental.

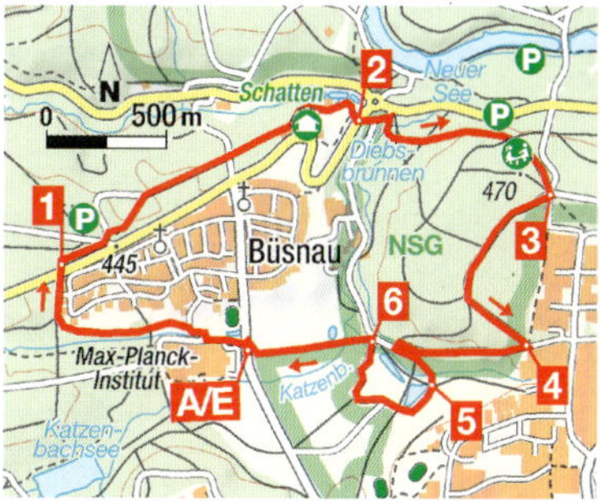

26 Vom Hölzersee nach Magstadt

Durch Wald und Wiesen zur Seeidylle

mittel | 7,8 km | 110 Hm | 2 Std.

Ausgangs-/Endpunkt: Parkplatz Hölzersee

Anfahrt: Bus & Bahn: S-Bahn bis Magstadt, Bus bis Haltestelle Esslinger Weg; Auto: Über den Schattenring und Stuttgart-Büsnau in Richtung Magstadt, GPS: 48.746470, 9.019464; Ausweichparkplätze findet man bei den Sportplätzen und, wenn man auf dem Rückweg die L1189 überquert, entweder gleich am Waldrand oder etwas weiter rechts an der Straße.

Einkehr: Sportplätze, Hölzersee

Kinderwagen: Nicht geeignet

Karten: Wanderkarte W228 Stuttgart, 1:25 000, Landesamt für Geoinformation und Landentwicklung Baden-Württemberg (LGL) in Zusammenarbeit mit dem Schwäbischen Albverein e.V.; Wanderkarte mit Radwegen Stuttgart Südwest Blatt 50-539, 1:25 000, NaturNavi

Information: www.magstadt.de

Der idyllische Hölzersee ist zwar kein Badegewässer, dennoch kann man an ihm gut rasten und zu bestimmten Zeiten auch vor Ort einkehren. Der Wald, durch den diese Tour führt, und das Untere Hölzertal weisen immer wieder schöne Szenen auf.

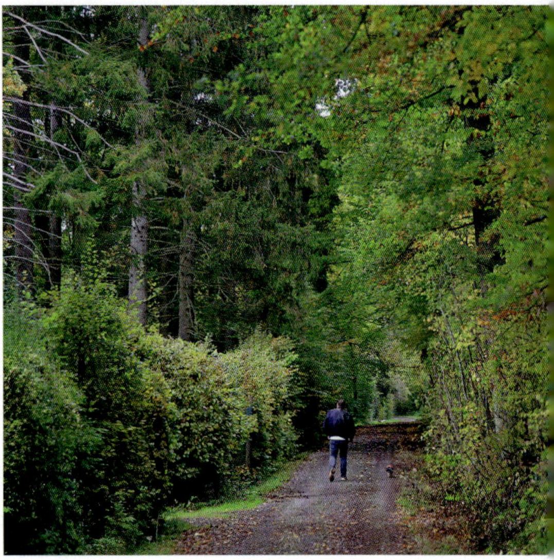

Ins Hölzertal Wir gehen am Parkplatz Hölzersee (445 m) in Richtung »Oberes Hölzer Tal Sportplatz Magstadt«. Danach überqueren wir die Straße. Auf ihrer anderen Seite zieht der Weg nach rechts. Jetzt gehen wir erst an verschiedenen Kleingärten vorbei, dann verlassen wir den Wald. Nun sind wir im Oberen Hölzertal.

Am Schild **»Oberes Hölzer Tal«** (433 m) **1** orientieren wir uns links in den Fuchslochweg. Bald queren wir einen Forstweg. Nach ihm weist uns der gelbe Ring weiter aufwärts. Bald zweigt rechts ein Weg ab **2**, dem wir folgen. An der Kreuzung mit einem asphaltierten Weg steht links das Schild Äußere Winterhalde (461 m). Wir gehen geradeaus weiter, werden jedoch etwas später mit

Tourencharakter

Wir wandern meist auf festen Wegen, nur vor und nach den Sportplätzen und am Steinbruch auf Naturwegen. Der Weg ist unterwegs mit dem gelben Ring markiert.

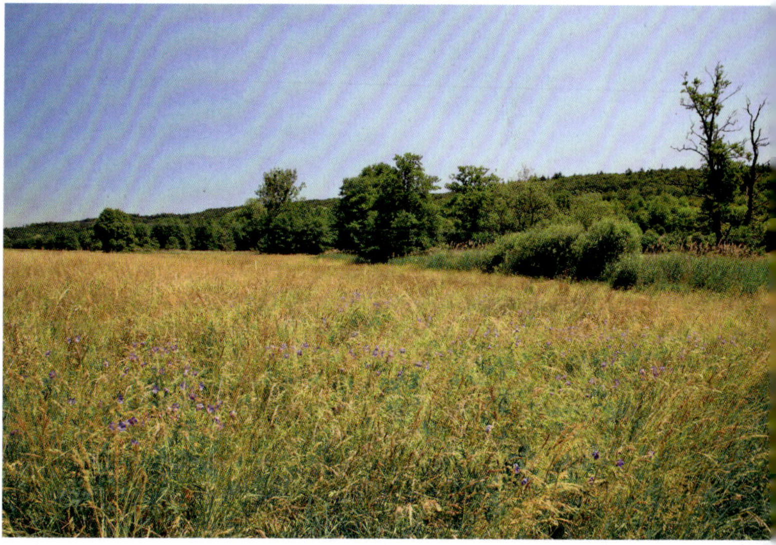

dem gelben Ring nach links **3** verwiesen. Nun folgt ein steiler Anstieg, der teilweise auch auf Treppenstufen verläuft.

Das Hölzertal weist immer wieder schöne Szenen auf.

Linke Seite: Über weite Strecken verläuft die Wanderung im Wald.

Durch den Wald zu den Sportplätzen Oben angelangt, halten wir uns am Wanderschild Aspenschopf Abzweig Sportpfad (487 m) rechts und passieren eine

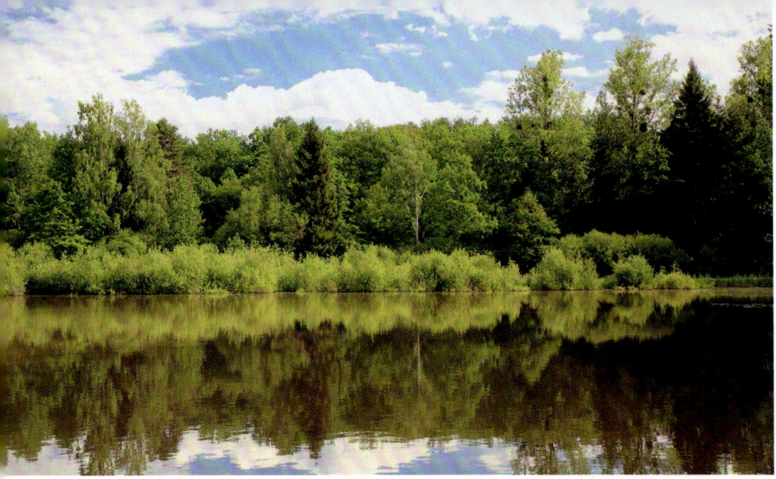

Die Umrahmung des Hölzersees zeigt sich sehr idyllisch.

Schutzhütte mit einer Sprossenwand sowie weitere Sporteinrichtungen. Wir erreichen die Tennisplätze, bei denen man rechter Hand eine Grillstelle, einen Kinderspielplatz und einen Niederseilparcours findet. Für den Weiterweg können wir nun den rechts des Asphaltwegs verlaufenden Wanderweg bis zu einer **Infotafel** (472 m) 4 nutzen oder wir nehmen das Sträßchen, das uns zu einer Baumallee bringt. In diesem Fall kann man ebenfalls nach rechts zur Infotafel gehen.

Hinab ins Tal Links der Infotafel führt der Weg als Pfad in Richtung »Hölzer See Alter Steinbruch« weiter. Nach einigen Sporteinrichtungen erreichen wir einen **querenden Weg** 5. Ihm folgen wir nach links zum Waldrand, wo wir uns am Schild »Unteres Hölzer Tal« (438 m) nach rechts wenden. Wir haben nun einen schönen Blick durch das Hölzertal.

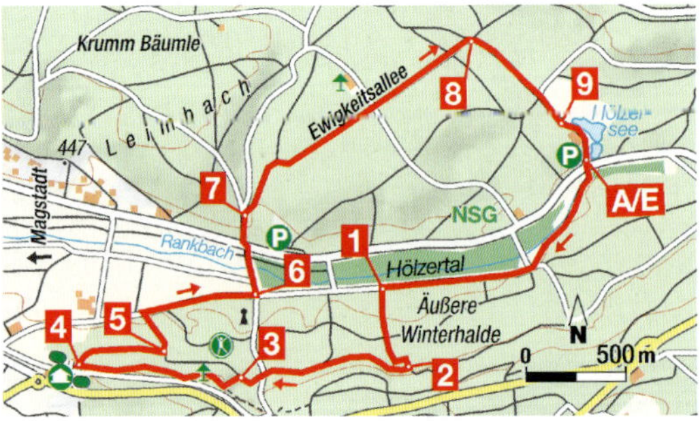

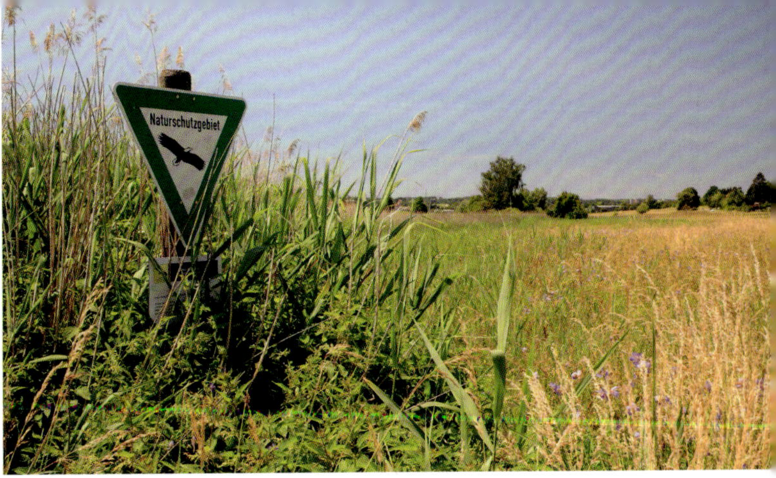

Das Hölzertal steht zum größten Teil unter Naturschutz.

Am Schild »**Unteres Hölzer Tal**« (431 m) 6 halten wir uns links zur Straße. Hier liegen etwas weiter rechts die in den Tourendaten erwähnten Ausweichparkplätze.
Wir gehen geradeaus in den Wald hinein und erreichen bald eine Verzweigung. Hier orientieren wir uns am Schild **Kohlhau** (442 m) 7 rechts, dann gleich noch einmal. Jetzt wandern wir kurz auf einem unbefestigten Weg. Er führt uns entlang eines Zaunes bergauf, hinter dem ein ehemaliger Steinbruch liegt. Weiter oben kann man auch einen Blick auf die mächtige senkrechte Felswand werfen.
Der unbefestigte Weg wird wieder eben und geht in einen Schotterweg über. Wir überqueren eine Kreuzung, danach folgen wir der Ewigkeitsallee in Gehrichtung. An der nächsten Kreuzung biegen wir am Schild **Dürre Egert** (456 m) 8 rechts ab. Kurz danach haben wir den **Hölzersee** 9 erreicht. Hier kann man eine Schlussrast einlegen, vielleicht sogar in der Fischerhütte einkehren. Kurz danach sind wir wieder am Parkplatz.

Hölzersee

Der Hölzersee wurde bereits 1681 auf einer Forstkarte als »Magstadt See« verzeichnet. Er ist 2,5 Hektar groß und als Naturdenkmal geschützt. Durch die ausgedehnten Schilfzonen, Seerosenfelder und naturbelassenen Bereiche wirkt er recht idyllisch. In ihm dominiert der Hecht, außerdem findet man noch Zander, Aal, Barsch, Karpfen und Schleien. Einkehren kann man in der Fischerhütte.

27 Vom Buchrainfriedhof zum Katzenbacher Hof

Ein Bannwald und ein See

mittel | 7,2 km | 110 Hm | 2 Std.

Tourencharakter: Die Wanderung verläuft meist auf geschotterten und asphaltierten Wegen. Es geht kurz entlang der Autobahn, eine weitere kurzfristige Lärmquelle ist die Schießanlage, wenn sie in Betrieb ist.

Ausgangs-/Endpunkt: Stuttgart-Vaihingen, Buchrainfriedhof

Einkehr: Katzenbacher Hof

Kinderwagen: Wegen eines kurzen Stücks auf einem befahrenen Sträßchen und der Autobahn ist eher abzuraten.

Karten: Wanderkarte W228 Stuttgart, 1:25 000, Landesamt für Geoinformation und Landentwicklung Baden-Württemberg (LGL) in Zusammenarbeit mit dem Schwäbischen Albverein e.V.; Wanderkarte mit Radwegen Stuttgart Südwest Blatt 50-539, 1:25 000, NaturNavi

Die Wege dieser Tour sind nicht häufig begangen, sodass man oft die Natur mit dem schönen Wald – darunter ein Bannwaldgebiet – alleine genießen kann. Wer sich nicht mit einer reinen Waldwanderung begnügen will, kann im Katzenbacher Hof einkehren oder den Katzenbachsee umrunden.

Zur Schießanlage Wir folgen ab dem Friedhof dem in den Wald hineinziehenden Sallenwaldweg, der mit dem roten Kreuz markiert ist. Nach einem kurzen Stück bergab zweigen wir links ab in den **Bernhardweg** ❶, auf dem es nun wieder bergauf geht. Markiert ist er mit dem Zeichen des Martinuswegs, einem gelben Kreuz auf rotem Grund.

Nach einer Weile stoßen wir nach einer Schranke auf den **Rotsteigelesweg** ❷. Er verläuft nun ein paar Minuten parallel zur Autobahn. Nach einer links über die Autobahn führenden Brücke biegen wir nach rechts ab in den mit einer Schranke gesicherten zweiten Weg, den **Schießbahnweg** ❸. Nun wandern wir an der Bundeswehr-Standortschießanlage Im Bernet entlang.

Durch den Bannwald zum Katzenbacher Hof Wo der Drahtzaun der Schießanlage und der Weg sich etwas voneinander entfernen, beginnt ein wildes Bannwaldgebiet mit viel Totholz. Es bietet so manche idyllische und urtümliche Waldszene. Später treffen wir auf die querende **Kreuzbüchlesallee** ❹. Ihr folgen wir nach links. Später stoßen wir auf die nach links abgehende Mietholzallee, der wir allerdings geradeaus folgen.

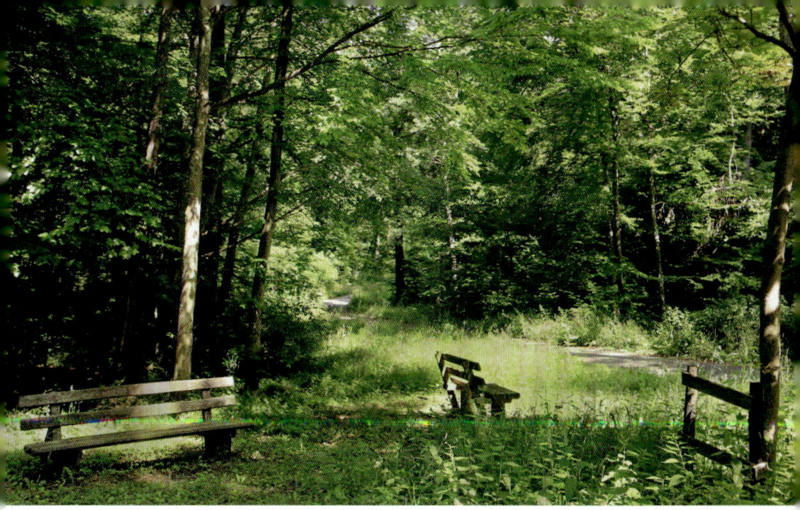

Am Wegesrand findet man idyllische Rastmöglichkeiten.

Nach dem rechts abgehenden Hospitalweg erreichen wir eine Kreuzung mit dem **Hirschbiegelweg** 5. Hier kann man entweder nach links gehen, um nach rund einem halben Kilometer im **Katzenbacher Hof** 6 einzukehren und anschließend wieder hierher zurückzukommen, oder man wandert geradeaus weiter.

Anfahrt

Bus & Bahn: Bus bis Bushaltestelle Buchrainfriedhof; Auto: Von Stuttgart-Vaihingen in der Pascalstraße in Richtung Böblingen/Sindelfingen bis zum Friedhof, GPS: 48.730197, 9.079656. Unter der Woche darf tagsüber bis 17 Uhr nur zwei Stunden auf dem Friedhofsparkplatz geparkt werden. Für ein zügiges Begehen des Weges reicht das. Will man eher gemütlich wandern, die Tour verlängern, am Katzenbachsee eine Rast einlegen oder am Katzenbacher Hof einkehren, sollte man die Tour unter der Woche erst ab 15 Uhr beginnen oder sie auf das Wochenende verlegen.
Den unbegrenzt nutzbaren Ausweichparkplatz Wanderparkplatz Bernhardshöhe findet man, wenn man der Zufahrtsstraße nach dem Friedhof noch rund 500 Meter folgt. Damit man nicht zurückgehen muss, empfiehlt es sich hierbei, gleich dem Weg parallel zur Autobahn zu folgen. Allerdings muss man bei dieser Variante den Lärm noch ein paar Minuten länger ertragen. Oder man beginnt die Tour bei den Parkplätzen des Katzenbacher Hofs.

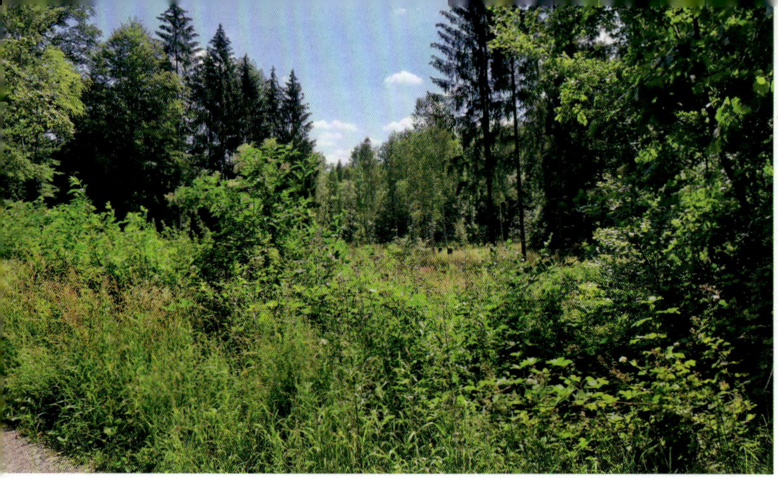

Der Wald zeigt so manche wilde Szene.

Zurück vorbei am Katzenbachsee Bald stoßen wir auf den querenden asphaltierten Sandweg. Hier biegen wir rechts ab. Etwas später müssen wir überlegen, ob wir die Tour verlängern wollen. Dazu folgen wir dem mit dem roten Kreuz markierten, links abgehenden **Pfad** 7, der uns daraufhin direkt am Ufer des Katzenbachsees entlangführt. An seinem Ende biegen wir rechts ab in den Katzenbacherseeweg, nach dem See noch einmal in den Büsnauer-Rain-Weg. Ihm folgen wir bis zum querenden Heizwerkweg. Er bringt uns nach rechts zurück zum **Sandweg** 8, wo wir an der Verzweigung dem mit dem roten Kreuz zum Friedhof führenden Weg folgen. Wer auf diesen Abstecher verzichten will, geht stattdessen im Sandweg stetig geradeaus und an der Verzweigung mit dem Heizwerkweg rechts, womit sich beide Varianten wieder vereinigen. Das rote Kreuz leitet uns nun immer geradeaus, vorbei an einem Rastplatz und später einer kleinen Schutzhütte, die beide zu einer Rast einladen, und später als Sallenwaldweg zurück zum Friedhof.

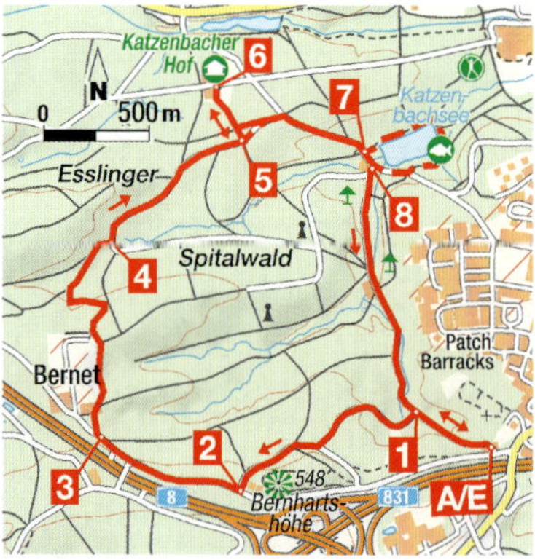

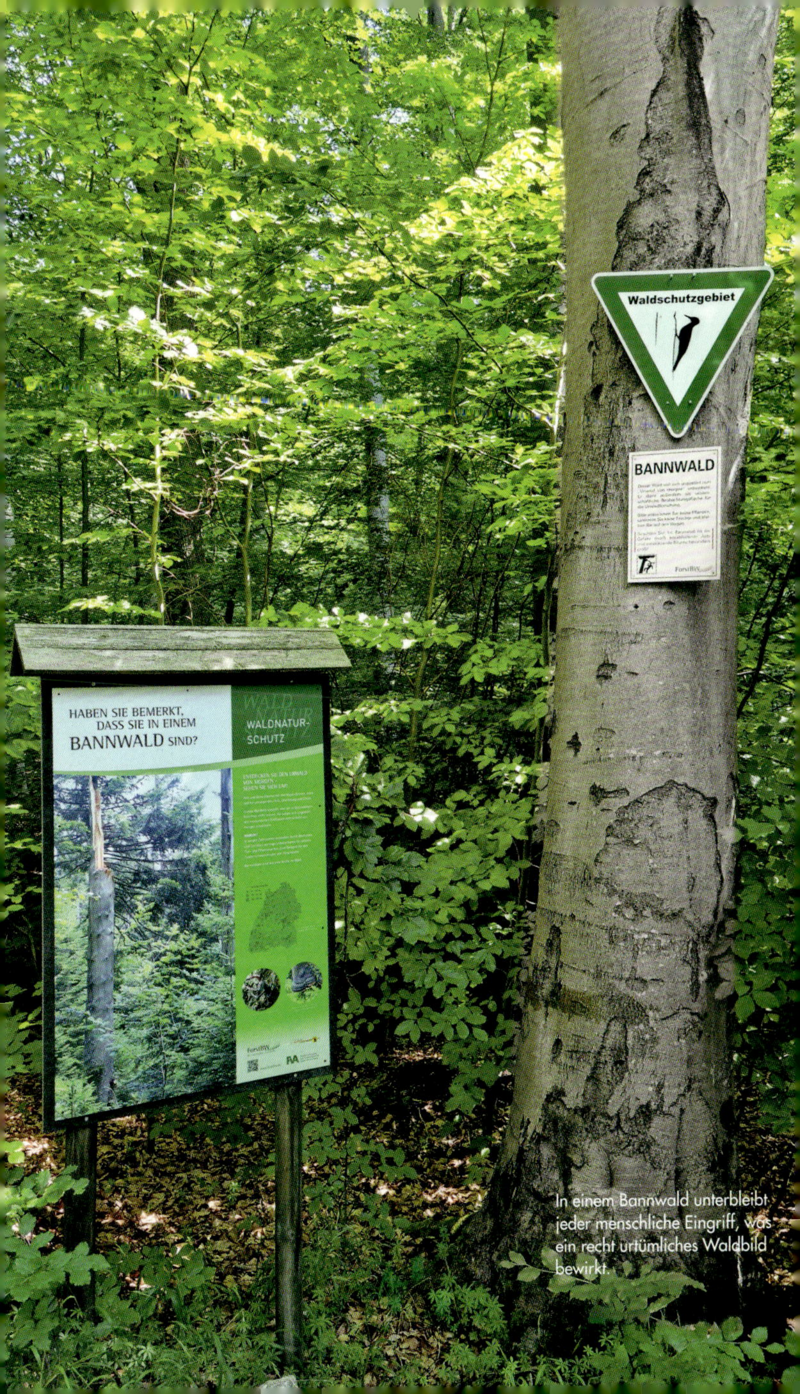

In einem Bannwald unterbleibt jeder menschliche Eingriff, was ein recht urtümliches Waldbild bewirkt.

28 Von Möhringen nach Kaltental

Felder, Wald und eine wilde Klinge

leicht | 5,5 km | 0 Hm | 1.30 Std.

Tourencharakter: Wir wandern auf festen Wegen.

Ausgangspunkt: Stuttgart-Möhringen

Endpunkt: Stuttgart-Kaltental

Anfahrt: Bus & Bahn: Anreise mit der Stadtbahn bis Haltestelle Riedsee, zurück mit der Stadtbahn ab Haltestelle Waldeck

Einkehr: Keine

Kinderwagen: Problemlos, nur beim Abstecher zum Amphibienteich kurzer steiler Abstieg auf einem schmalen Weg; dieser muss aber nicht gemacht werden.

Karten: Wanderkarte W228 Stuttgart, 1:25 000, Landesamt für Geoinformation und Landentwicklung Baden-Württemberg (LGL) in Zusammenarbeit mit dem Schwäbischen Albverein e.V.; Wanderkarte mit Radwegen Stuttgart Südwest Blatt 50-539, 1:25 000, NaturNavi

Zuerst können wir uns den Riedsee in Möhringen ansehen, dann führt uns der Weg eine Zeit lang über die Felder. Vorbei am Streuobstwiesengebiet im Kressart gelangen wir zur wildromantischen Schwälblesklinge. Hier geht es auf einem interessanten Lehrweg hinab zur Haltestelle in Kaltental.

Durch Wiesen und Felder Wir folgen ab der Haltestelle dem Fußweg, der links der Gleise in Richtung Sonnenberg führt. Bald weist uns das Zeichen des Möhringer Hexenwegs nach links. Zwischen den Feldern wandern wir bis zu einem **querenden Weg** 1. Dort biegen wir rechts ab. An der nächsten Verzweigung halten wir uns links. Nach der Jugendfarm biegen wir rechts ab in den Weg **Haldenwies** 2. Bald haben wir nach links einen schönen Blick zum bewaldeten Birkenkopf. Etwas später erreichen wir den Wald.

Hinab zum Teich Dort folgen wir dem Weg geradeaus. Wer will, kann auch auf dem Pfad wandern, der links des Forstweges verläuft. Gleich am Waldrand haben wir die Möglichkeit, nach links hinab zu einem querenden Weg zu gehen. Dort wandern wir nach rechts weiter zu einem links des Weges liegenden **Amphibienlaichgewässer** 3.
Wenn wir stattdessen oben bleiben, sehen wir rechts bald Häuser. Wir können nach den ersten Häusern nach links hinab zu dem querenden Weg gehen und erreichen diesen dann direkt vor dem Amphibienteich. Am bequemsten ist es allerdings, wenn wir noch wei-

ter geradeaus wandern bis zum links abgehenden Tribergweg. Auch hier biegen wir links ab und kommen vor den **Teich** 3.

Nun gehen wir auf dem leicht fallenden Hundsklingenweg nach Westen weiter. Er knickt bald nach links und fällt im weiteren Verlauf ab. Nach einer Brücke erreichen wir die **Christian-Belser-Straße** 4. Ihr folgen wir nach rechts aufwärts.

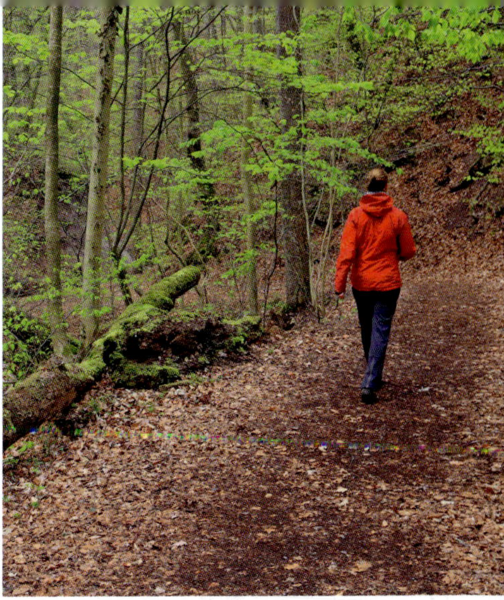
In der Schwälblesklinge

Durch die Schwälblesklinge Vorbei an der Sonnenberg-Klinik und dem romantischen Streuobstwiesengebiet im Kressart auf der rechten Seite erreichen wir eine Stelle, an der von rechts oben ein Weg herkommt. Nach links werden wir über eine Brücke und zur **Schwälblesklinge** 5 verwiesen.

Nun geht es durch die stellenweise recht wilde Schwälblesklinge immer bergab. Unterwegs können wir auf den Informationstafeln des Geologischen Lehrwegs Interessantes über diese Klinge lesen. Nach einiger Zeit werden wir vor einem Staudamm nach rechts oben verwiesen. Dort halten wir uns links 6 und gehen über den Damm. Danach steigt der Weg etwas an, dann fällt er wieder ab und wir treffen auf die Christian-Belser-Straße. Hier biegen wir rechts ab und kommen vor die Böblinger Straße. Links davon liegt die Stadtbahnhaltestelle Waldeck.

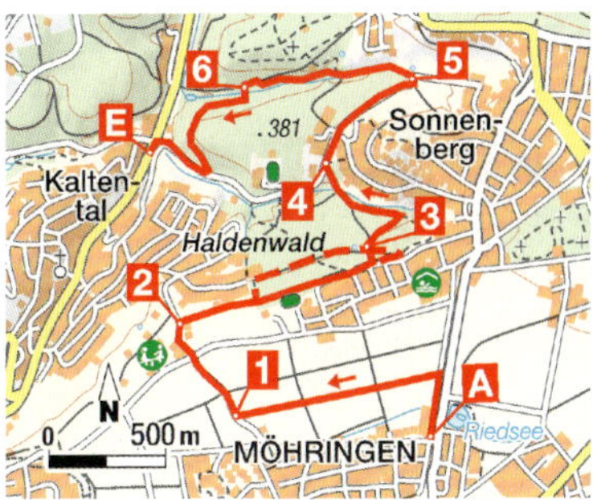

29 Von Möhringen zum Fasanenhof

Durch das Körschtal

leicht | 7,1 km | 60 Hm | 1.50 Std.

Tourencharakter: Die Wanderung verläuft auf asphaltierten und geschotterten Wegen.

Ausgangspunkt: Stuttgart-Möhringen, Stadtbahnhaltestelle Plieninger Straße

Endpunkt: Stuttgart-Fasanenhof, Schelmenwasenstraße

Anfahrt: Bus & Bahn: Anreise mit der Stadtbahn bis Haltestelle Plieninger Straße, zurück mit der Stadtbahn ab Haltestelle EnBw City

Einkehr: Stuttgart-Möhringen

Kinderwagen: Gut geeignet, da auf festen Wegen

Karten: Wanderkarte W228 Stuttgart, 1:25 000, Landesamt für Geoinformation und Landentwicklung Baden-Württemberg (LGL) in Zusammenarbeit mit dem Schwäbischen Albverein e.V.

Das Körschtal, das von Stuttgart-Möhringen aus nach Osten verläuft, ist eines der schönsten und lieblichsten Täler der Landeshauptstadt. Wir durchwandern es von Möhringen bis kurz vor Plieningen und bewegen uns zwischen Kleingärten, Wald und Wiesen.

Durch das Körschtal Wir gehen von der Stadtbahnhaltestelle aus zur Plieninger Straße, überqueren sie und wandern geradeaus weiter bis zur querenden Widmaierstraße. Dort halten wir uns kurz links, dann biegen wir rechts in die Rulfinger Straße ein. Nach der Schule linker Hand überqueren wir die Salzäckerstraße und nehmen auf der anderen Straßenseite den mit »zu Spitalrain« ausgeschilderten Weg, der sich nach links durch die Wiesen hinabzieht.

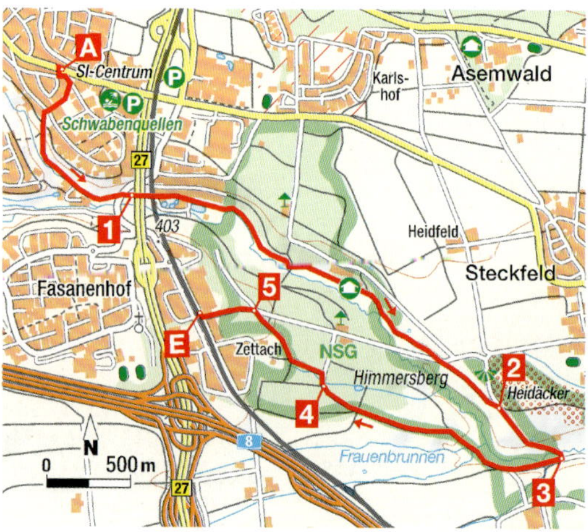

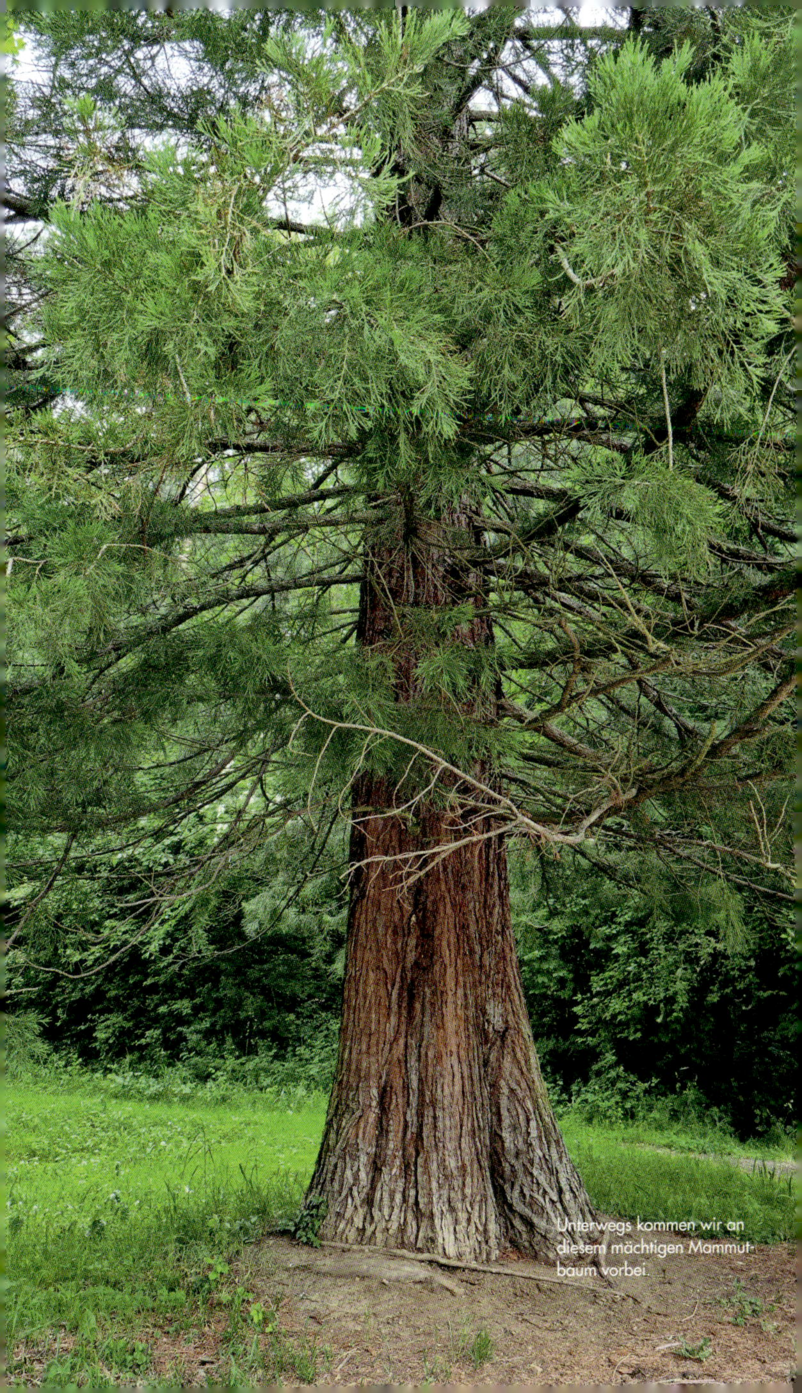

Unterwegs kommen wir an diesem mächtigen Mammutbaum vorbei.

Etwas tiefer queren wir die Straße Spitalrain und gehen weiter geradeaus mit schönem Blick nach rechts hinab ins Körschtal. Im Tal angelangt, wandern wir geradeaus weiter, zum Teil durch oder entlang

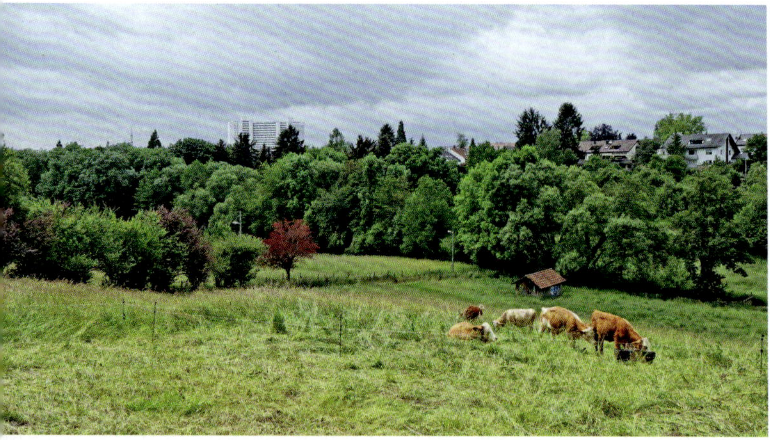

Gleich nach Möhringen erwartet uns diese ländliche Atmosphäre.

von Wiesen, zum Teil durch Waldstücke und entlang von Kleingärten, in denen wir so manche idyllische Szene sehen können.

Wir passieren die Untere Körschmühle und erreichen die querende **Kurt-Schumacher-Straße** 1. Etwas nach rechts versetzt gehen wir in derselben Richtung in der Straße Körschwiesen weiter. Wir unterqueren die B27, kommen am Klärwerk vorbei und danach ins Naturschutzgebiet Weidach- und Zettachwald. Nun wandern wir im Dachsbauweg. Rechts von uns verläuft die Körsch, zu der immer wieder Stichpfade hinführen.

Vorbei an zwei Brunnen An einem Querweg halten wir uns rechts, dann verlassen wir den Wald und biegen gleich links ab. Nun geht es eine Zeitlang durch die Wiesen des Körschtals. Nach einem Anwesen sehen wir links einen Mammutbaum, danach passieren wir einen Brunnen mit zwei Trögen. Später treffen wir auf einen **querenden Weg** 2, in den wir rechts einbiegen. Links liegt bald das Heidfeldbrünnele.

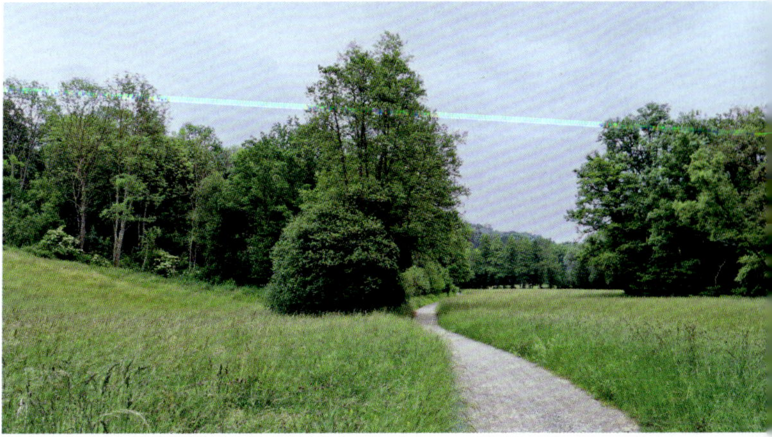

Im Körschtal geht es flach voran.

Etwas später überqueren wir die Körsch auf einer **Brücke** 3. Danach orientieren wir uns rechts.

Weiter durch Wiesen und Wald Nun steigt es sanft an. Anfangs wandern wir durch Wiesen, dann kommen wir wieder in den Wald, wo wir dem Hattenbachweg geradeaus folgen. An einer Verzweigung bei einer Art Verkehrsdreieck halten wir uns rechts, danach überqueren wir die Zettach auf einer **Brücke** 4. Jetzt nehmen wir den linken Fasanenweg. An der nächsten Verzweigung orientieren wir uns rechts und kommen zu einer Kreuzung. Hier biegen wir links ab in die **Steinallee** 5, die uns etwas später aus dem Wald führt. Wir gehen geradeaus bis zur querenden Schelmenwasenstraße. Von ihr aus geht es hinab zur Stadtbahnhaltestelle EnBw City.

30 Von Hohenheim zum Scharnhauser Park

Durchs Ramsbach- und durchs Körschtal

leicht | 6,6 km | 80 Hm | 1.45 Std.

Tourencharakter: Wir wandern auf festen Wegen.

Ausgangspunkt: Stuttgart-Plieningen

Endpunkt: Ostfildern

Anfahrt: Bus & Bahn: Anreise mit der Stadtbahn bis Haltestelle Plieningen, zurück mit der Stadtbahn ab Haltestelle Ostfildern Kreuzbrunnen

Einkehr: Plieningen

Kinderwagen: Vor dem Scharnhauser Schloss beginnt ein steiler und holpriger Anstieg auf einem steindurchsetzten Weg. Er ist zwar nicht allzu lang, aber mit Kinderwagen mühsam zu befahren.

Karten: Wanderkarte W228 Stuttgart, 1:25 000, Landesamt für Geoinformation und Landentwicklung Baden-Württemberg (LGL) in Zusammenarbeit mit dem Schwäbischen Albverein e.V.; Wanderkarte mit Radwegen Stuttgart Südost Blatt 52-539, 1:25 000, NaturNavi

Nach dem Schlosspark und Schloss Hohenheim wandern wir ein Stück durch das Ramsbachtal, bevor wir auf das Körschtal stoßen. Durch dieses und später zwischen Feldern gehen wir zum Scharnhauser Park, der uns mit einem originellen Kunstwerk begrüßt.

Hinab zum Ramsbach Wir folgen ab der Haltestelle Plieningen der Garbenstraße, überqueren einen Kreisverkehr, wandern zwischen den Universitätsgebäuden und danach vorbei am **Schloss Hohenheim** ❶. Nach diesem geht es in der Kirschenallee hinab.
Im Tal überqueren wir die Mittlere Filderstraße und gehen weiterhin geradeaus über eine Schneise bis zum Waldrand. Vor diesem und dem Ramsbach biegen wir rechts ab ❷. Nun wandern wir durch das Naturschutzgebiet Häslachwald. Wo wir auf eine querende Straße treffen, halten wir uns links.

Durch das Körschtal Jetzt befinden wir uns im Körschtal. Die Kläranlage umgehen wir rechts. Später passieren wir die Anlage der Polizeireiterstaffel und erreichen bei der **Neumühle** ❸ die Reutlinger Straße. Auf ihrer anderen Seite wandern wir geradeaus weiter. An der nächsten Verzweigung nehmen wir den rechten Weg. Wir passieren den Hof Stockhausen und kommen danach zur Ruiter Straße. Hier kann man nach links einen kurzen Abstecher zum **Scharnhauser Vulkan** ❹ machen.

Hinauf zu den Hasen Danach gehen wir zurück und folgen der Ruiter Straße bis zum Ende der Hofanlage der Hofer Mühle auf der linken Seite. Hier biegen wir links ab, gehen an der Mühle vorbei und stehen danach vor dem Zaun des **Scharnhauser Schlosses** 5. Dort halten wir uns links. Nun steigt es auf einem steindurchsetzten holprigen Weg an. An einer Verzweigung biegen wir links ab in den mit Kopfsteinpflaster versehenen Weg. Er bringt uns hinauf in die Felder.

Nach dem Sendemast gehen wir durch die Kastanienallee geradeaus weiter. Rechts sehen wir das Kunstwerk »Sitz- und Flitzhasen«. Am nächsten Weg biegen wir rechts ab 6, jetzt sehen wir die Hasen von neuem. An der Verzweigung danach führt der linke Weg zu einem Spielplatz. Wir gehen aber auf dem rechten bis vor die Häuser. Dort folgen wir der Theodor-Rothschild-Straße bis zur querenden Niemöllerstraße. Rechts sehen wir bereits die Stadtbahnhaltestelle Ostfildern Kreuzbrunnen.

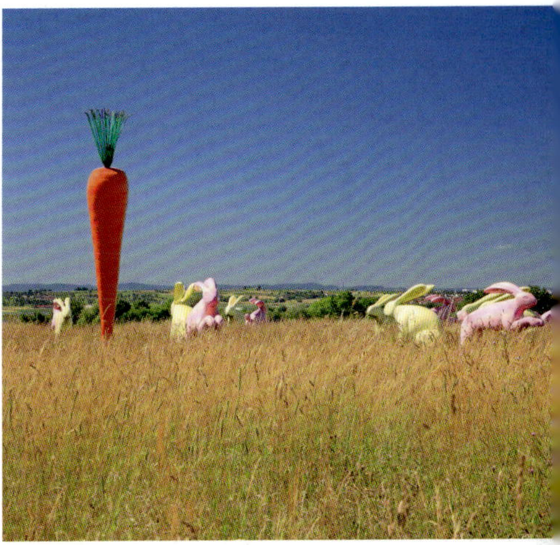

Recht originell ist das Kunstwerk »Sitz- und Flitzhasen«.

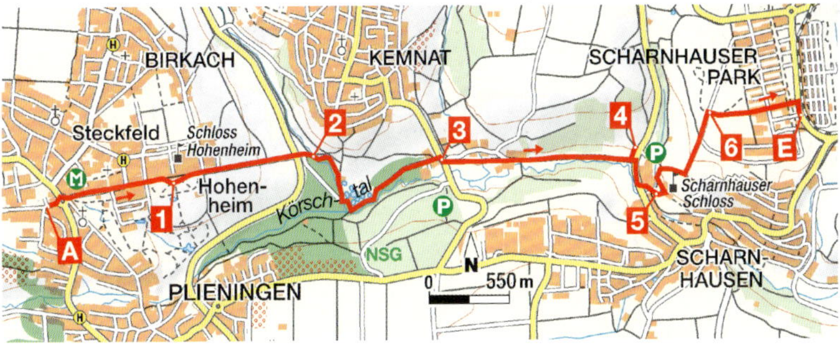

31 Von Weil der Stadt durchs Würmtal

Alte Stadt und urige Natur

mittel | 10 km | 100 Hm | 2.40 Std.

Tourencharakter: Meist feste Wege, nach dem Käppelesberg auf einem Stück Natupfad. Startet man am Friedhof, verkürzt sich die Tour auf 7 km und 2 Std.

Ausgangs-/Endpunkt: Weil der Stadt, Bahnhof

Anfahrt: Bus & Bahn: S-Bahn bis Weil der Stadt; Auto: Von der A8 über Renningen nach Weil der Stadt, Parken am Friedhof oder bei der Reithalle, Sägeweg, GPS: 48.747527, 8.876675

Einkehr: Weil der Stadt

Kinderwagen: Das kurze Stück unbefestigten Weges am Käppelesberg müsste bei mit einem geländegängigen Kinderwagen machbar sein.

Karten: Wanderkarte W227 Calw, 1:25000, Landesamt für Geoinformation und Landentwicklung Baden-Württemberg (LGL) in Zusammenarbeit mit dem Schwäbischen Albverein e. V. und dem Schwarzwaldverein e. V.; Wanderkarte mit Radwegen Calw Weil der Stadt Blatt 48-539, 1:25000, NaturNavi

Information: www.weil-der-stadt.de

Die Höhepunkte dieser Tour sind recht gegensätzlich: Da ist einerseits das wunderschöne Weil der Stadt, ein Juwel unter den Städten des Landes mit sehenswerten Baulichkeiten, andererseits die herrliche Natur und die Heckengäulandschaft im Würmtal und am Käppelesberg.

Von der Stadt ins Würmtal Vom Bahnhof aus gehen wir auf die Stadtseite der Gleise und biegen rechts ab. Die Bahnhofstraße bringt uns zur Merklinger Straße, in die wir links einschwenken. Hier in dem kleinen Stadtgarten sehen wir das Kunstwerk »Krisenstab« von Werner Mally. Wir biegen links ab und kommen zur evangelischen Johannes-Brenz-Kirche. Vor und um die Kirche sind einige Informationstafeln zu Johannes Brenz angebracht, außerdem sehen wir zwei Kunstwerke links und rechts der Kirche: »Johannes Brenz oder Es liegt auf der Hand« von Birgit Feil und das Glaskunstwerk »Fritz Mühlenbeck – Johannes Brenz – Reformatorisches Vermächtnis« von Friz Mühlenbeck.

Nun überqueren wir die Paul-Reusch-Straße und folgen der Poststraße. Links sehen wir die Skulptur »Aufbruch« von Christoph Traub. An der querenden Unteren Klosterstraße biegen wir rechts, dann gleich wieder links in die Scheergasse ein. Sie bringt uns zum Marktplatz.

Nach dem Rathaus wenden wir uns nach links in die Stuttgarter Straße und folgen ihr bis zur querenden Malmsheimer Straße (links)/Leonberger Straße (rechts). Wir halten uns rechts und dann gleich noch einmal rechts in den Sägeweg.

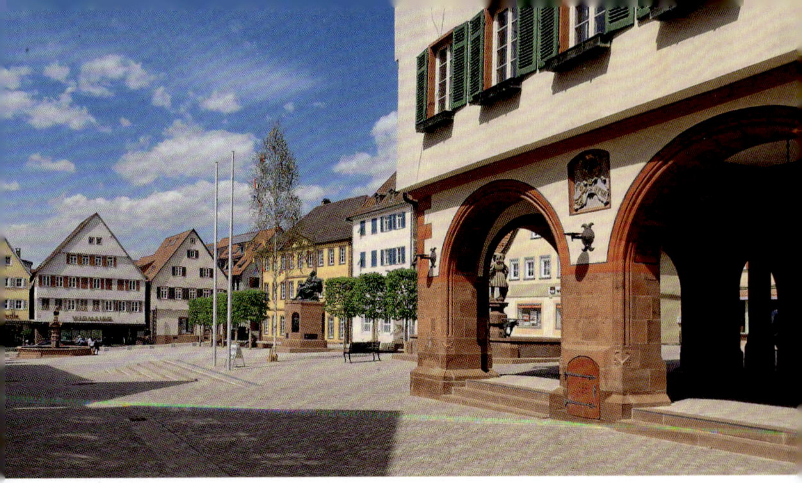

Der Marktplatz von Weil der Stadt zeigt eine recht altertümliche Atmosphäre.

Bald darauf befindet sich links der Friedhof. Hier sehen wir rechts in der Wiese die Skulptur »nicht Valcamonica«. Danach liegt rechts der Parkplatz – ein guter Ausgangspunkt, falls man mit dem Auto anreist. Nun folgen wir dem Sägeweg ortsauswärts. Dabei passieren wir anfangs die Reithalle mit dem Wanderschild Reithalle (392 m), verschiedene Wohnhäuser und Gewerbeanwesen. Nach der Unterquerung der B295 halten wir uns an der Verzweigung an den rechten **Sägeweg** ❶ – hier kommt man später von links wieder zurück.

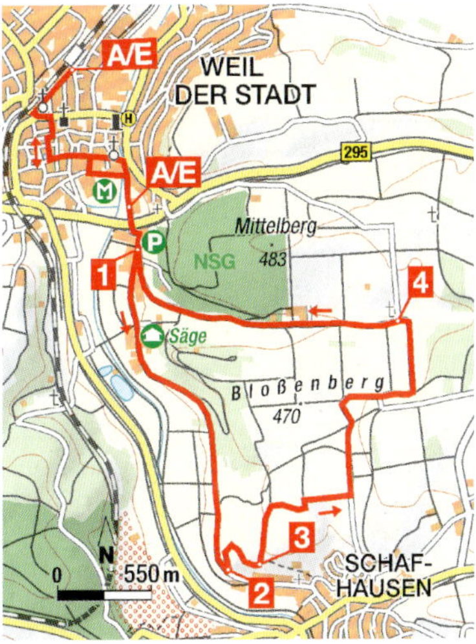

Durch das Würmtal zum Käppelesberg

Nach den Häusern führt uns der Weg durch das herrliche Würmtal, das uns weite Blicke bietet. Bald sehen wir wieder ein Kunstwerk: einen stählernen Quader, der zwischen den Ästen eines Baumes angebracht ist. Beeindruckend ist wenig später links des Weges in der Wiese die stehende große Skulptur »Übereinander 2018« von Werner Pokorny.

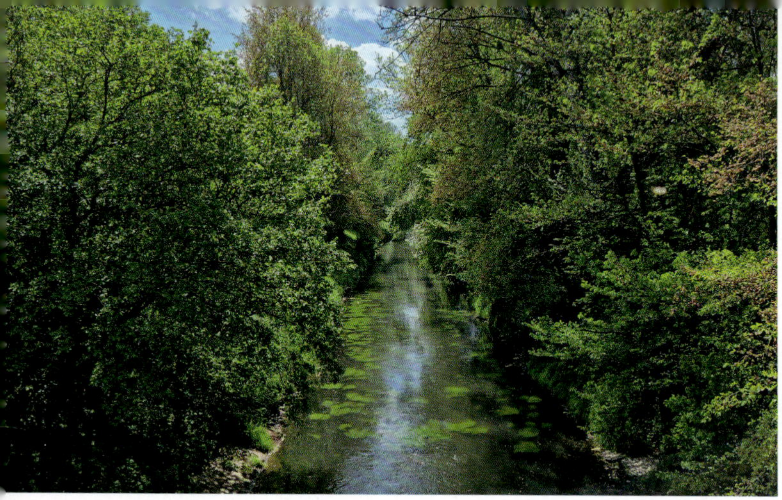

Die Würm bei Weil der Stadt

Anschließend überwiegt aber wieder der Naturgenuss: Linker Hand liegt eine Wacholderheide, kurz danach zweigt scharf links ein Weg ab **2**. Er bringt uns hinauf auf den Käppelesberg mit seiner Wacholderheide; auch Orchideen und Küchenschellen können wir hier entdecken. Außerdem bietet sich von hier oben ein Blick ins Würmtal.

Wir kommen zum Wanderschild der LandTour-Wanderung »**Pfadfinder**« **3**, wo wir uns links halten. Nun folgen wir eine Weile dem Zeichen dieser Tour. Wir wandern auf einem unbefestigten Pfad, der etwas später nach rechts schwenkt. Danach knickt er links, dann rechts ab; ab jetzt wandern wir wieder auf einem festen Weg.

Rückweg durch die Felder Bald bietet sich uns nach rechts ein Blick hinab nach Schafhausen. Vor einer Hecke stoßen wir auf einen Asphaltweg, in den wir links einschwenken. Etwas später zieht er nach links, dann orientieren wir uns am nächsten Querweg rechts.

Anschließend knickt er links, danach noch einmal links ab und bringt uns zu einem großen

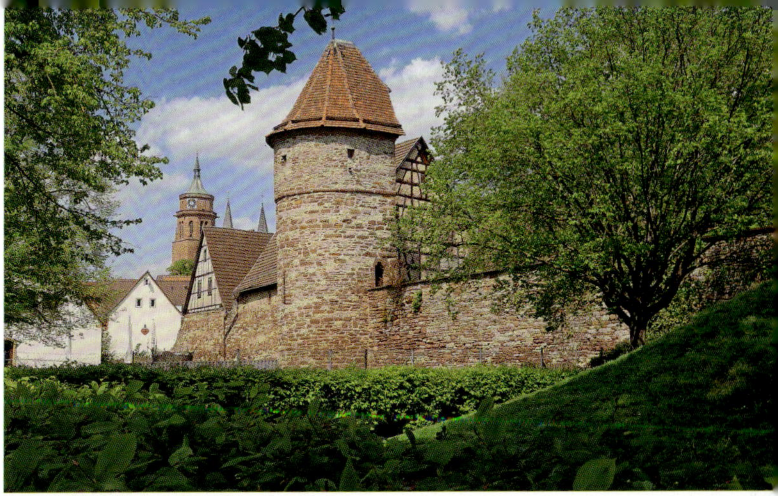

Von außerhalb der Stadtmauer bietet sich ein schöner Blick auf die ehemalige Verteidigungsanlage.

Flurkreuz 4. Jetzt gehen wir links unterhalb des Mittelbergs leicht abwärts, dann stoßen wir wieder auf den **Sägeweg** 1, den wir bereits kennen. Er bringt uns nach rechts zurück zum Parkplatz beim Friedhof. Zum Bahnhof geht man nun auf bekanntem Weg zurück. Autofahrer, die hier geparkt haben, jetzt aber noch die Stadt besichtigen wollen, folgen der untenstehenden Beschreibung bis längstens zur Brenzkirche und gehen nach der Besichtigung von dort, wie eingangs für die Nutzer des ÖPNV beschrieben, zurück zum Friedhof.

Wenn man nicht auf demselben Weg zurück zum Bahnhof gehen will, kann man gleich nach dem Friedhof links in den Brühlweg einschwenken. Der Weg führt vorbei am Sailerturm, danach entlang der Stadtmauer und zu einem Spielplatz. Nach diesem orientiert man sich rechts und kommt zur Stuttgarter Straße. Dort hält man sich vor dem Brunnen links und wandert zum Rathaus. Hinter ihm geht man in der Scheergasse hoch zur Unteren Klosterstraße, biegt dort rechts ab und hält sich dann gleich wieder links in die Poststraße. So erreicht man schließlich die Johannes-Brenz-Kirche.

32 Vom Wasserturm zum Forsthof

Durch den Sindelfinger Wald

leicht | 4,6 km | 60 Hm | 1.10 Std.

Tourencharakter: Leichte Tour auf festen Wegen ohne große Höhenunterschiede

Ausgangs-/Endpunkt: Sindelfingen, Ende Arthur-Gruber-Straße, beim Wasserturm.

Anfahrt: Bus & Bahn: S-Bahn bis Haltestelle Böblingen Goldberg, Bus bis Sindelfingen, Haltestelle Pflegeheim; Auto: A81 bis Ausfahrt Sindelfingen Ost, weiter in der Mahdentalstraße und der Wilhelm-Haspel-Straße, dann in der Arthur-Gruber-Straße vorbei am Klinikum Sindelfingen, Parkplätze zwischen Krankenhaus und Wasserturm an der Straße, GPS: 48.718733, 9.026986

Einkehr: Keine

Kinderwagen: Geeignet

Karten: Wanderkarte W228 Stuttgart, 1:25000, Landesamt für Geoinformation und Landentwicklung Baden-Württemberg (LGL) in Zusammenarbeit mit dem Schwäbischen Albverein e.V.; Wanderkarte mit Radwegen Stuttgart Südwest Blatt 50-539, 1:25000, NaturNavi

Information: www.sindelfingen.de

Wir gehen vom Wasserturm zum Forsthof, wo wir uns interessante Exponate zur Natur und zum Wald sowie einen Baumlehrpfad ansehen können. Spannend für alle ist auch das schöne Waldgebiet, durch das wir uns bewegen, mitsamt den Biotopen, die für Amphibien aller Art sicher ein Eldorado sind.

Zum Forsthof Wir gehen vom Parkplatz beim Wasserbehälter auf der Alten Vaihinger Straße an der Schranke vorbei und am nächsten Abzweig nach links. Bei nächster Gelegenheit biegen wir rechts ab ❶. Nun wandern wir eine ganze Zeit lang eben auf dem Höhenrücken, bis wir auf einen querenden Weg treffen. Unterwegs kommen wir an einigen Wasserlöchern vorbei, die als Biotope hervorragende Laich- und Lebensräume für Amphibien sind.

Am Querweg gehen wir nach rechts mit dem Wanderzeichen blauer Punkt hinauf zur Alten Vaihinger Straße, biegen rechts und dann gleich links ab ❷. Vorbei an einigen Informationstafeln zum Baumlehrpfad und einem Infohäuschen mit weiteren Erklärungen kommen wir zum **Forsthof** ❸. Hier gibt es für alle viel zu sehen.

Über den Strauchpfad zur Fressberger Straße Danach wandern wir mit den Tafeln des Baumlehrpfads geradeaus weiter bis zu einer **Freifläche** ❹. Links liegt der Strauchlehrpfad, rechts ein Grill- und Rastplatz mit einem großen Spielplatz.

Wir behalten am Strauchlehrpfad unsere Richtung bei und wandern auf dem Madlenenweg bis zum Wan-

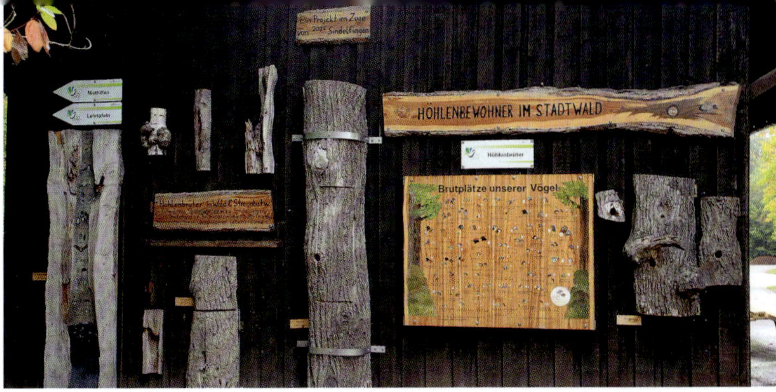

Beim Forsthof gibt es einige interessante Einrichtungen zu sehen.

derschild **Fressberger Straße** (492 m) **5**. Dort biegen wir rechts in das Hirschbuckelsträßle ein. Nun orientieren wir uns an den Wanderzeichen mit den Hasen. Nach einer Rechtskurve biegen wir mit dem Hasenschild links ab. Es geht etwas bergab, dann halten wir uns rechts in das **Schneckenklingensträßle** **6**. Gleich danach an der Kreuzung folgen wir dem linken Weg. Er steigt steil an und bringt uns zum querenden **Einsiedelweg** **7**. Wir halten uns links, vor dem **Krankenhaus** **8** rechts und an der Straße noch einmal rechts zum Wasserbehälter.

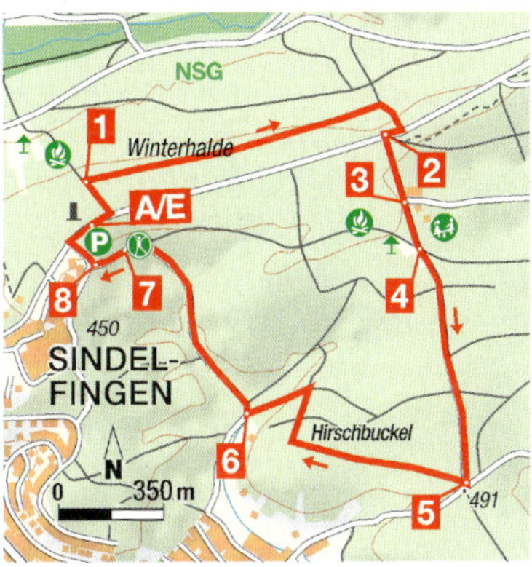

Waldzentrum am Forsthof

Das 2017 eingeweihte Waldzentrum am Forsthof ist einer von vier Standorten der Umweltbildungseinrichtung »Natur.Erlebnis.Sindelfingen« und dient der Bildung rund um die Themen Wald, Natur, Ökologie und Holz. Dazu werden auch Führungen angeboten. Im Infopavillon am Forsthof findet man auf zwölf Tafeln interessante Informationen über den Wald und die Natur. Zur Natur und dem Sindelfinger Wald gibt es am Forsthof zudem zahlreiche Anschauungsobjekte. Er ist auch Ausgangspunkt für den Baumlehrpfad. Es gibt ein großes Insektenhotel und ein Vogelbeobachtungshaus, in dem man das ganze Jahr über durch Fütterungen die Vogelwelt des Waldes betrachten kann, zudem werden verschiedene Vogelnisthilfen gezeigt und auch die Vogelbrut kann bestaunt werden. Die Flora und Fauna des Wassers lernt man in einem großen Feuchtbiotop kennen.

33 Von der Mäulesmühle zum Seerosensee

Idyllischer See und schöne Aussicht

mittel 7,2 km 120 Hm 2 Std.

Ausgangs-/Endpunkt: Leinfelden-Echterdingen-Musberg, Wanderparkplatz Siebenmühlental, K1227, gegenüber der Mäulesmühle

Anfahrt: Bus & Bahn: Bushaltestelle Musberg Eselsmühle; Auto: Über Stuttgart-Vaihingen, Leinfelden oder Echterdingen nach Musberg, von dort weiter in Richtung Steinenbronn, GPS: 48.684762, 9.128136

Einkehr: Sportplatzgaststätten, Eselsmühle, Mäulesmühle

Kinderwagen: Nicht geeignet

Karten: Wanderkarte W228 Stuttgart, 1:25 000, Landesamt für Geoinformation und Landentwicklung Baden-Württemberg (LGL) in Zusammenarbeit mit dem Schwäbischen Albverein e. V.; Wanderkarte mit Radwegen Stuttgart Südwest Blatt 50-539, 1:25 000, NaturNavi

Information: www.leinfelden-echterdingen.de

Ausgangspunkt dieser Wanderung ist das Siebenmühlental bei Leinfelden-Echterdingen. Die bekanntesten Mühlen des Tals – die Eselsmühle und die Mäulesmühle – sind gleich in der Nähe. Weitere Höhepunkte der Tour sind der Seerosensee und das Naturschutzgebiet Eichberg.

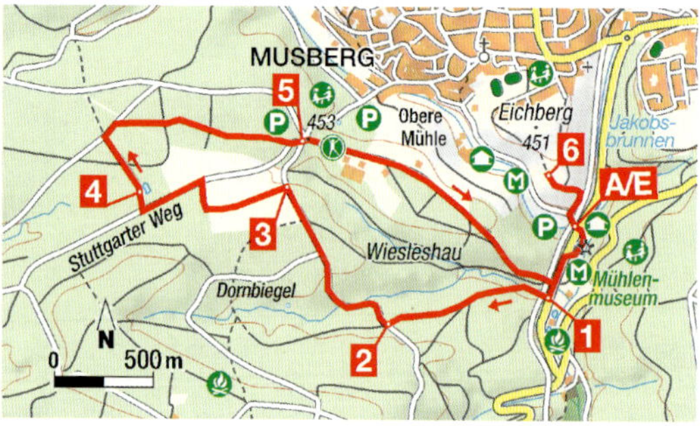

Hinauf zum Bettelweg Wir gehen vom Parkplatz bzw. der Bushaltestelle auf die östliche Seite der Straße und wandern durch das Gelände der Mäulesmühle. Hier sollte man das große und frei zugängliche Mühlrad hinter der Mühle beachten. Die Öffnungszeiten für das interessante Mühlenmuseum sind angeschrieben. Vorbei an der Komedescheuer – Aufführungsort der Theaterstücke von »Hannes und der Bürgermeister« – verlassen wir das Mühlenareal.

Nun gehen wir hinter dem Mühlengelände kurz parallel zur Straße, bis wir rechts die großen Viaduktbögen sehen, über die früher ein Züglein fuhr und heute der beliebte Bundeswanderweg verläuft. Wir

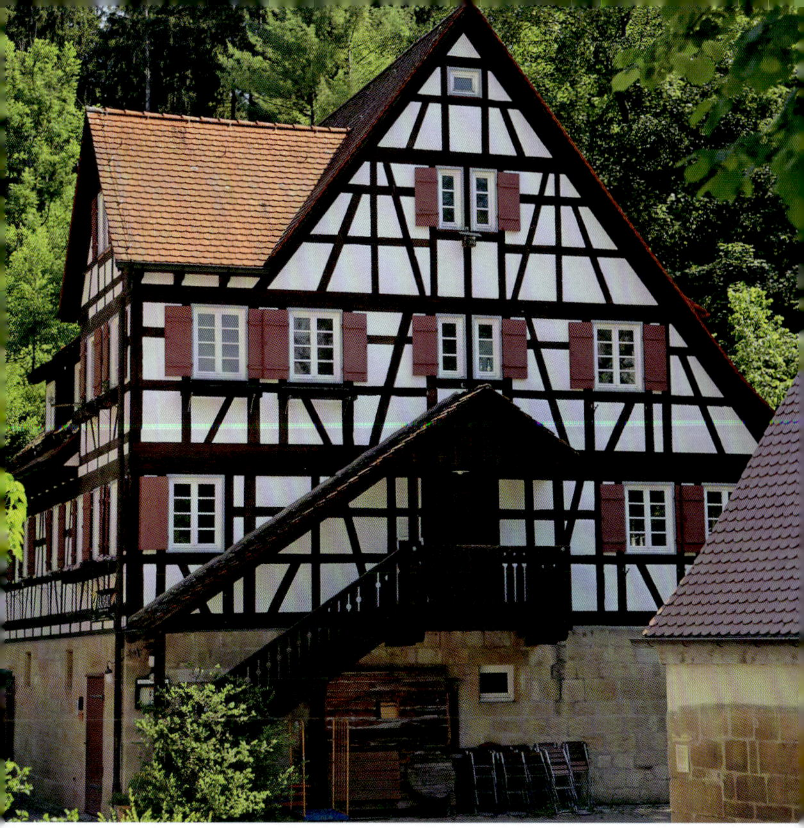

überqueren die Straße und gehen zum ganz linken **Brückenbogen** ❶. Dort steigen wir im Bergweg und im Wald stetig bergauf. An einer Verzweigung halten wir uns rechts und erreichen bald den **Bettelweg** ❷.

In der Mäulesmühle findet man ein interessantes Mühlenmuseum.

Weiter zum Seerosensee Wir biegen rechts ab und wandern mit dem Wanderzeichen rotes Kreuz und mit leichtem Auf und Ab zum Waldende. Links sehen wir eine große **Lichtung** ❸ mit Streuobstbäumen. Wir biegen etwa in der Mitte der Lichtung links ab und

Tourencharakter

Die Wanderung verläuft auf festen und Naturwegen, teilweise mit relativ steilen An- und Abstiegen. Ohne das Naturschutzgebiet Eichberg verkürzt sich die Tour um 700 m, 40 Hm und eine Viertelstunde.

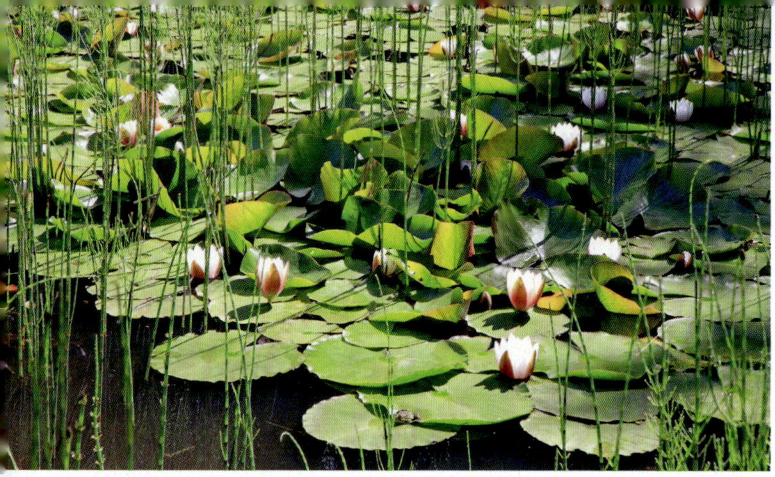

Am schönsten ist der Seerosensee natürlich zur Zeit der Blüte.

kommen, vorbei an einer Holzhütte, zum Waldrand. Dort biegen wir rechts ab und stoßen bald auf den querenden Stuttgarter Weg. Ihm folgen wir nach links in den Wald. Dort biegen wir mit dem blauen Balken rechts ab in den Marderweg. Rechts sehen wir kurz darauf den **Seerosensee** 4, einen kleinen Waldweiher, der im Sommer mit einer prächtige Seerosenblüte erfreut, leider aber stark zugewachsen ist.

Der Marderweg bringt uns zum querenden Wetzelweg, an dem es nicht mehr geradeaus weitergeht. Wir biegen rechts ab und gleich darauf noch einmal rechts in den Unterschiedweg. Auf ihm wandern wir nun bis zum Parkplatz **Häfnersteige** 5 und hinter diesem geradeaus weiter. Nach den rechts liegenden Sportplätzen und Gaststätten verlassen wir den Wald.

Zurück über den Piz Mus Nun bietet sich uns eine herrliche Aussicht. Links liegt der Piz Mus, ein früher für die Region bedeutender Skihang, der eine Sprungschanze und einen Schlepplift besaß. Von diesem sind noch Reste sichtbar. Hier wurden einst sogar württembergische Meisterschaften ausgetragen. Unterhalb verläuft der – allerdings nicht sichtbare – Anfang des Siebenmühlentals. Dort liegt auch die Eselsmühle, auf der anderen Seite zieht sich Musberg den Hang hinauf, und rechts auf der Höhe liegt das Naturschutzgebiet Eichberg, dem wir später zum Abschluss noch einen Besuch abstatten können.

Jetzt gehen wir links des Waldrands im Hauweg geradeaus weiter, kommen bald in den Wald und steigen steil hinab zum Viadukt und zur Straße. Wir überqueren sie und wandern anschließend nach links auf bekanntem Weg zurück zum Parkplatz beziehungsweise zur Bushaltestelle.

Unterwegs kommt man an idyllischen Streuobstwiesen vorbei.

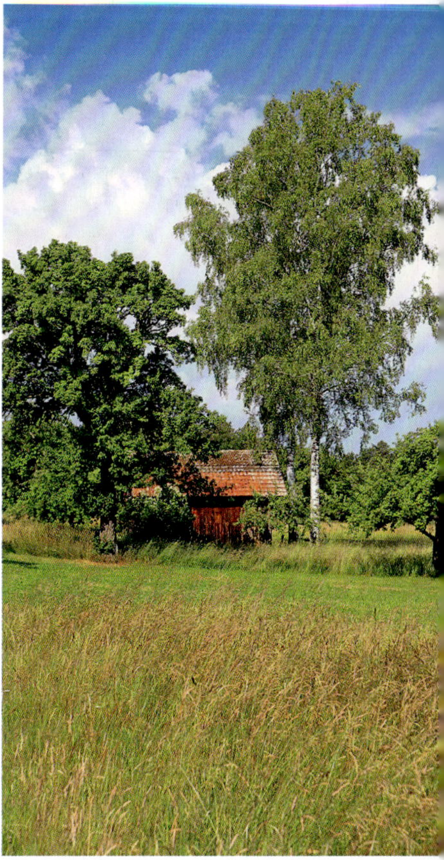

Abstecher zu den Eichen Nun lohnt sich noch der Aufstieg zum Naturschutzgebiet Eichberg. Dazu gehen wir hinter dem Parkplatz steil hinauf zum Bundeswanderweg. Wer sich für historische Kleindenkmale interessiert, kann noch kurz geradeaus der ehemaligen Bahntrasse bis zu einer alten Grubbank folgen. Ansonsten nehmen wir den vor dem Bundeswanderweg links abgehenden Naturweg, der uns mit einem Linksbogen hinauf zu den mächtigen Eichen des **Eichbergs** 6 bringt. Von dort oben hat man einen schönen Blick hinab ins Siebenmühlental, auf den gegenüberliegenden Piz Mus und auf den Weg, auf dem wir kurz zuvor gewandert sind. Dann gehen wir auf demselben Weg wieder hinab.

34 Über die Fildern auf die Höhe

Vorbei am Zeppelinstein

leicht | 6,4 km | 70 Hm | 1.45 Std.

Tourencharakter: Leichte Tour auf festen Wegen

Ausgangs-/Endpunkt: Leinfelden-Echterdingen, Bonländer Straße

Anfahrt: Bus & Bahn: Stadtbahn oder S-Bahn bis Bahnhof Echterdingen, Bus bis Haltestelle Bonländer Straße; Auto: Parkmöglichkeiten findet man am Ende der Gartenstraße vor und um den Spielplatz Zaunackerstraße, hier ist das Parken 4 Std. lang erlaubt. Alternativ beginnt man die Tour an den Parkplätzen am Ende der Waldenbucher Straße, wo diese in die Alte Poststraße übergeht, GPS 48.680144, 9.150885. Alternativ kann man auch am S-Bahnhof in Echterdingen parken, allerdings gebührenpflichtig.

Einkehr: Echterdingen

Kinderwagen: Gut möglich

Information: www.leinfelden-echterdingen.de

Wir beginnen diese leichte, aber interessante und aussichtsreiche Tour in der Filderebene. Zwischen Krautäckern und Wiesen geht es in die Höhe, danach durch Streuobstwiesen wieder zurück.

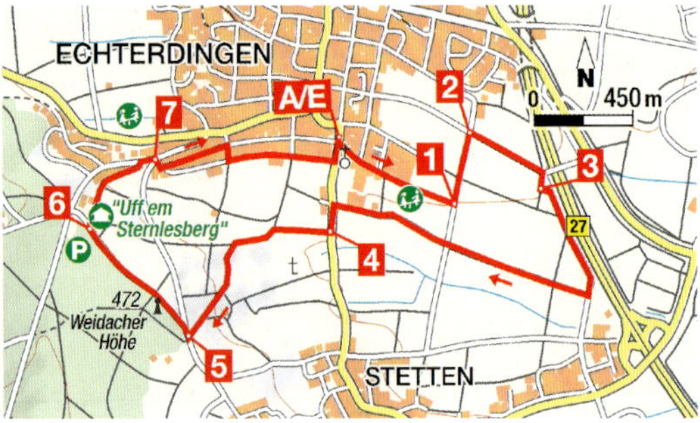

Zwischen Krautfeldern zum Zeppelinstein Wir gehen von der Bushaltestelle in die Stäudachstraße und folgen ihr aus dem Ort hinaus. Nach den letzten Häusern kommen wir zum querenden **Stützlesweg** 1. Ihm folgen wir nach links bis zu einer **Kreuzung** 2 vor eingezäunten Gärten. Dort biegen wir rechts ab. Weiter zwischen Feldern wandernd kommen wir zu einem durch eine Hecke eingefriedeten Gehölz. In ihm befindet sich der **Zeppelinstein** 3, der an das große Unglück mit dem verbrannten Zeppelin erinnert.

Durch Felder, Wiesen und Streuobstwiesen Wir umgehen die kleine Grünanlage rechts und wandern weiter bis zu den eingezäunten Grundstücken. Hier biegen wir im rechten Winkel rechts ab in das Landschaftsschutzgebiet. Bald kommen wir an der Anlage der Netze BW vorbei, danach quert die Bonländer Straße. Wir halten uns links, gleich danach rechts **4**. Nun folgen wir dem Zeichen roter Punkt, der uns durch Streuobstwiesen führt.

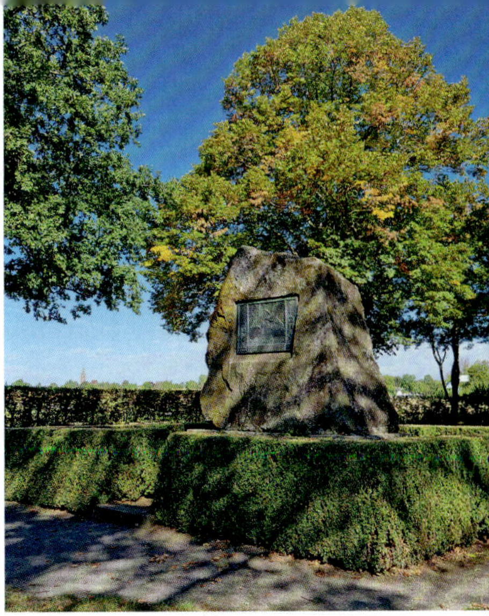

Der Zeppelinstein erinnert an ein großes Unglück.

Der Weg zieht nach links, wobei wir rechts abgehende Wege ignorieren, dafür aber nach links eine prächtige Sicht zur Schwäbischen Alb haben. Schließlich treffen wir auf der Höhe auf den **Waldheimweg** **5**. Auf ihm gehen wir nach rechts weiter. Vorbei an einem großen Gedenkstein zu unserer Linken, dessen Inschrift an den Krieg 1871 erinnert, kommen wir zur Gaststätte mit dem **Spielplatz Waldheim** **6**.

Abwärts und zum Ausgangspunkt Nach der Gaststätte biegen wir rechts ab. Nun fällt es wieder. Bald erreichen wir die Waldenbucher Straße. Ihr folgen wir kurz nach rechts, dann biegen wir rechts ab in die **Bergstraße** **7**. Sie zieht gleich darauf nach links. Etwas später zweigen wir rechts ab in den Grabenweg und gehen bis vor die Häuser. Dort orientieren wir uns links in die Autenbrunnstraße. Immer zwischen Ortsrand und Wiesen gehen wir bis zur querenden Bonländer Straße. Nach links bringt sie uns zurück zu den Bushaltestellen.

Karten

Wanderkarte W228 Stuttgart, 1:25 000, Landesamt für Geoinformation und Landentwicklung Baden-Württemberg (LGL) in Zusammenarbeit mit dem Schwäbischen Albverein e.V.; Wanderkarte mit Radwegen Stuttgart Südwest Blatt 50-539, 1:25 000, NaturNavi

35 Von Waldenbuch in den Schönbuch

Zwei Seen und herrlicher Wald

mittel | 9 km | 160 Hm | 2.30 Std.

Tourencharakter: Die Wanderung verläuft auf festen Wegen.

Ausgangs-/Endpunkt: Waldenbuch, Straße Im Seitenbach

Anfahrt: Bus & Bahn: Bus bis Waldenbuch, Haltestelle Schloss; Auto: B27, dann über Plattenhardt nach Waldenbuch, Im Seitenbach, GPS: 48.635871, 9.128424. Einen Alternativparkplatz finden wir in der Tübinger Straße in Richtung Dettenhausen.

Einkehr: Waldenbuch

Kinderwagen: Möglich

Karten: Wanderkarten W228 Stuttgart und W237 Tübingen Schönbuch, je 1:25 000, Landesamt für Geoinformation und Landentwicklung Baden-Württemberg (LGL) in Zusammenarbeit mit dem Schwäbischen Albverein e. V.; Wanderkarte mit Radwegen Stuttgart Südwest Blatt 50-539, 1:25 000, NaturNavi

Information: www.waldenbuch.de

Der Schönbuch ist immer ein lohnenswertes Ziel, aber besonders herrlich sind der Herbst, wenn die Laubbäume rot und orange zu glühen scheinen, und das Frühjahr, wenn das lichte Grün eine leichte, lockere Stimmung zaubert.

Vorbei am Wildgehege Wir folgen ab der Bushaltestelle oder dem Alternativparkplatz der Tübinger Straße, bis rechts die Straße Im Seitenbach bei einem weiteren kleinen Parkplatz abgeht. Auf dieser wandern wir vorbei am Wildgehege und der Seitenbachmühle und stoßen auf ein Sträßchen. Ihm folgen wir nach links. An der nächsten Verzweigung beim Wan-

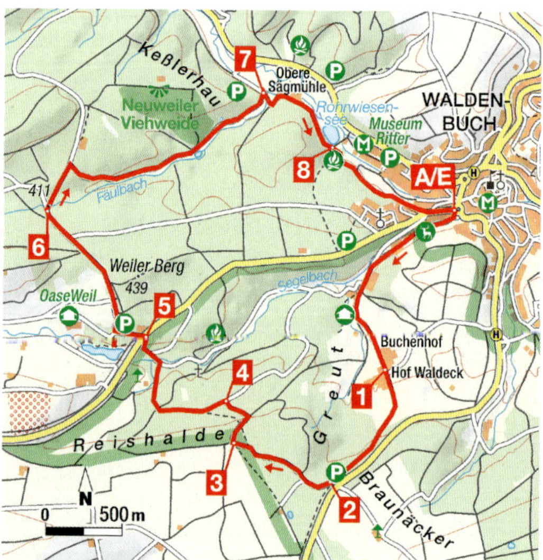

derschild Waldenbuch Schützenhaus (369 m) nehmen wir den linken Weg.

Es steigt an; wir wandern am **Buchenhof** (mit Bauernladen per Selbstbedienung) ❶ vorbei und kommen nach dem Hof Waldeck in den Wald. Dort wandern wir nach etwas Anstieg erst entlang der L1208, dann stoßen wir auf einen **Parkplatz** ❷. Unser Weg führt hier nach rechts in den Wald.

Zum ersten See Wir kommen etwas später am Schild Teufelsbrücke Greuthalde (468 m) vorbei, ab jetzt folgen wir dem Wanderzeichen blauer Punkt. Danach passieren wir eine mächtige uralte Eiche. Nach einer Rechtskurve knickt der Weg an einer Schneise scharf links ab. Etwas später zieht der Weg scharf nach rechts ❸ und fällt steil ab.

Nach der Querung der Schneise biegen wir mit dem blauen Punkt links ab. Wir kommen abermals über die

Das Segelbachbecken wurde zwar künstlich geschaffen, ist aber ein idyllisches Gewässer.

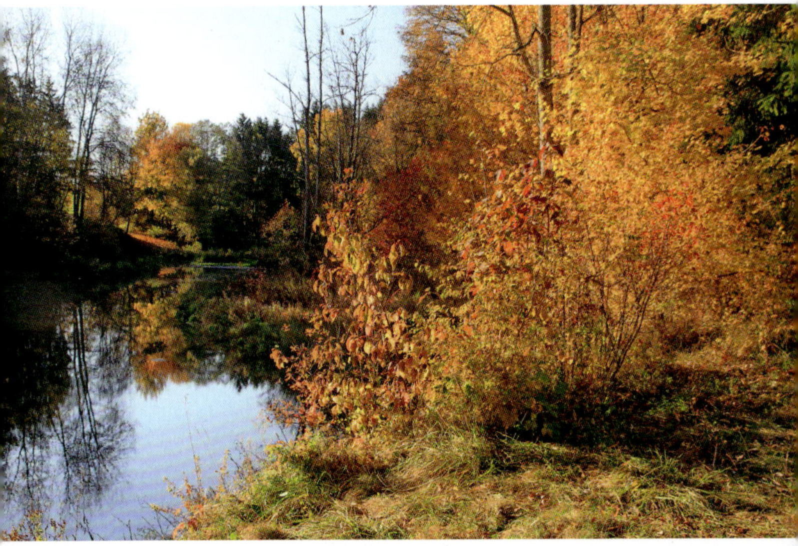

Schneise und halten uns am nächsten **Querweg** ❹ links. Nach einer Rechtskurve überqueren wir eine Kreuzung, nun fällt der Weg. Am nächsten Querweg biegen wir mit den Zeichen roter und blauer Punkt links ab. Wo der breite Forstweg kurz danach nach rechts zieht, gehen wir auf einem unbefestigten Weg mit den Zeichen geradeaus bergauf bis zur **K1050** ❺. Hinter ihr kommen wir zum Parkplatz Segelbachbecken (406 m). Am Ende des Parkplatzes können wir nach links einen Abstecher zu dem idyllischen Staubecken machen, ansonsten folgen wir dem nach rechts ziehenden Neuweiler Weg. Links liegt nun eine Freifläche, in der unter anderem die Totenbachmühle steht. Wir passieren das Schild Bei der Totenbachmühle (417 m) und kommen wieder in den Wald. In ihm wandern wir am Schild Stallberger Hau (421 m) vorbei und erreichen das Schild **verbrannter Häuweg** (411 m) ❻. Hier biegen wir mit dem blauen Punkt rechts ab.

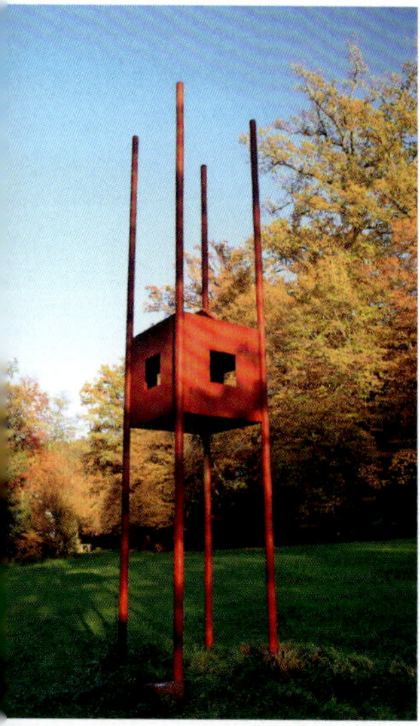

Im Landkreis Böblingen finden wir immer wieder Kunstwerke in der Landschaft.

Noch ein See Danach folgen wir dem nächsten rechts abgehenden Weg Fäulbachtal nach rechts, nun ohne Zeichen. Wir wandern an den Informationstafeln Waldrefugien und Totholz, danach an einem kleinen Weiher vorbei. Am nächsten Querweg halten wir uns mit dem blauen Punkt rechts ❼, an der Verzweigung danach links. Anschließend passieren wir den **Rohrwiesensee** ❽, nun begleiten uns Kleingärten. Wir gehen am Schild Waldenbuch Altenhaustraße (366 m) vorbei, dann halten wir uns nach den ersten Häusern am nächsten Schild Altenhaustraße (366 m) links. Nach einem kleinen Stück bergab erreichen wir in Waldenbuch einen Kreisverkehr. Der Parkplatz liegt rechts, die Bushaltestelle links davon.

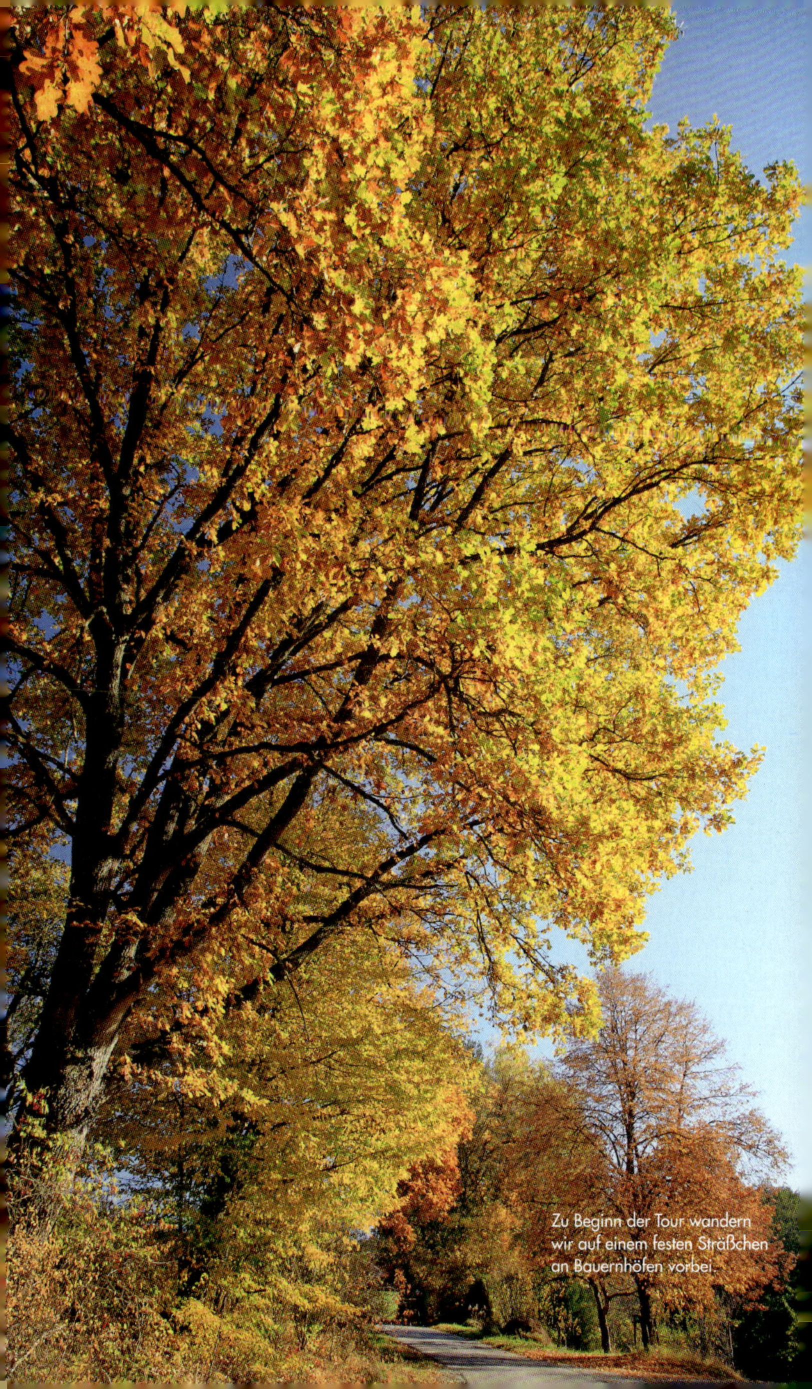

Zu Beginn der Tour wandern wir auf einem festen Sträßchen an Bauernhöfen vorbei.

Waldbaden

Ab in den Wald!

Bewegung tut gut. Mit dem Ziel, 10 000 Schritte täglich zu gehen, tun Sie viel für Ihre körperliche Leistungsfähigkeit und Ihr Wohlbefinden. Bewegung in der Natur, insbesondere im Wald, erhöht die positiven Auswirkungen der sportlichen Aktivität um ein Vielfaches. Internationale Studien zeigen, dass Waldluft das menschliche Immunsystem positiv beeinflussen kann. Aber auch Zivilisationskrankheiten wie Bluthochdruck, Diabetes oder Burn-out können durch einen längeren Aufenthalt im Wald gemildert werden. Was liegt also näher, als seine 10 000 Schritte im Wald zu absolvieren? Glücklicherweise lädt der Stuttgarter Wald mit seinem über 300 Kilometer langen Wegenetz genau dazu ein.

Doch warum ist ein Aufenthalt im Wald so wohltuend? Das liegt zum einen an der Waldluft selbst. Diese ist voll von Terpenen, pflanzlichen Botenstoffen, die unter anderem von Bäumen in die Luft abgegeben werden und die wir Menschen über die Haut und die Atmung aufnehmen. Wissenschaftliche Studien konnten nachweisen, dass Terpene unser körpereigenes Abwehrsystem stärken können. Besonders positiv wirken sie sich auf unsere sogenannten »natürlichen Killerzellen« aus, also jene weißen Blutkörperchen, die virusinfizierte Zellen im Körper erkennen und unschädlich machen können. Terpene können nicht nur die Aktivität der natürlichen Killerzellen steigern, sondern auch dazu beitragen, dass diese in größerer Anzahl neu produziert werden.

Ein Aufenthalt im Wald wirkt sich aber nicht nur auf unser Immunsystem aus. Japanische Wissenschaftler fanden heraus, dass ein solcher auch den Cortisolspiegel senken, die Stresshormone Noradrenalin und Adrenalin reduzieren sowie den Parasympatikus, auch bekannt als »Ruhenerv«, aktivieren kann. Ähnlich faszinierende Ergebnisse gibt es zu Blutdruck und Blutzuckerspiegel, die durch Waldaufenthalte gesenkt, sowie zur Herzfrequenzvariabilität, die verbessert werden kann.

Wie erfreulich also, dass es in Stuttgart rund 5000 Hektar Wald gibt – das entspricht 24 Prozent der Gemarkung. Es fällt daher nicht schwer, seine 10 000 Schritte täglich im Stuttgarter Wald zu absolvieren. In diesem Buch werden viele Touren vorgestellt, die

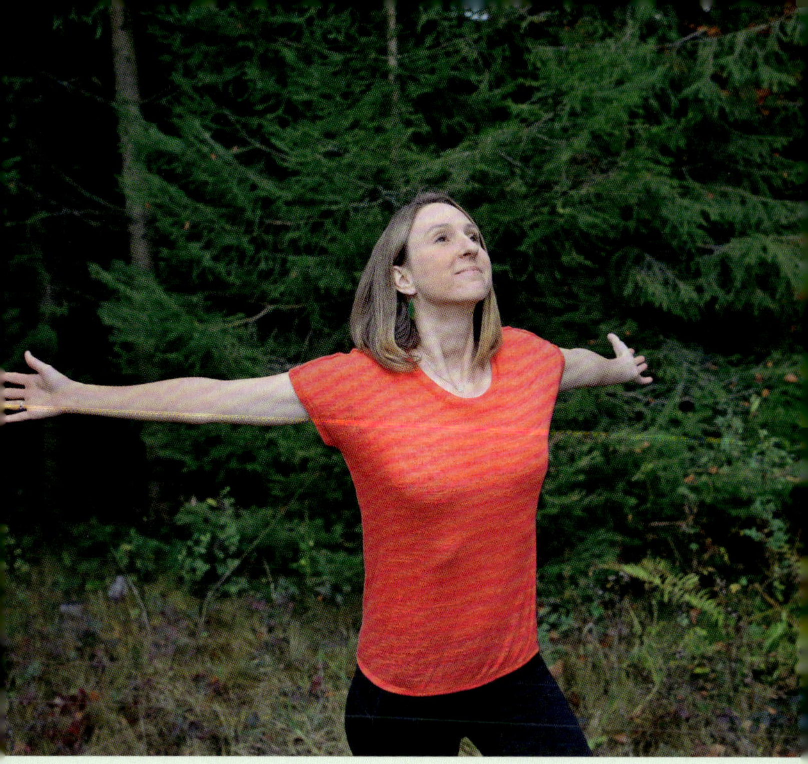

durch den Wald führen. Wer diesen aber nicht nur als Kulisse für seine 10 000-Schritte-Tour nutzen, sondern ganz bewusst innehalten und die positiven Aspekte verstärken möchte, der findet verschiedene Anregungen zum »Waldbaden« in diesem Buch.

Die Waldbaden-Einheiten sind unterteilt in Übungen, die im Gehen oder während einer Pause absolviert werden können. Darüber hinaus werden spezielle Achtsamkeitsübungen vorgestellt. Suchen Sie sich bei Ihrem Gang durch den Wald die Übungen aus, die Sie am meisten ansprechen, und machen Sie nur das, was sich für Sie gut anfühlt.

An dieser Stelle muss natürlich erwähnt werden, dass ein Waldbesuch nicht mit einer Wunderheilung gleichgesetzt werden kann. Wie die Waldluft und die Übungen auf jeden Einzelnen wirken, gilt es individuell herauszufinden.

In diesem Sinne wünschen wir Ihnen eine unvergessliche Zeit im Wald!

Quellen:
Clemens G. Avary: *Der Biophilia-Effekt*
Prof. Dr. Qing Li: *Die wertvolle Medizin des Waldes*
Jörg Meier: *Im Wald baden*

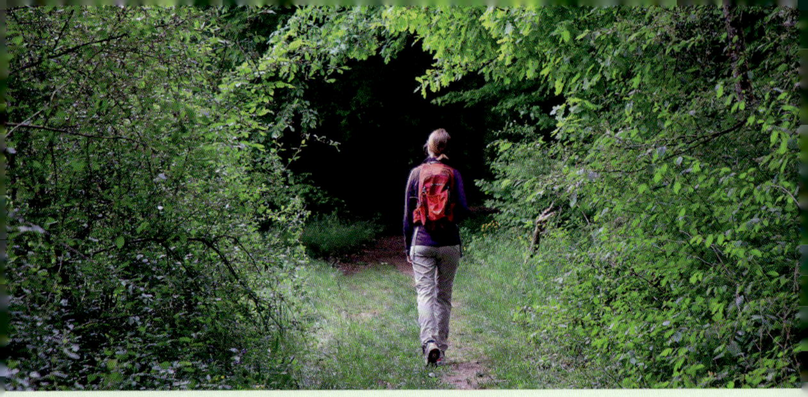

Waldbad to go

Folgende Übungen können Sie ausführen, während Sie durch den Wald gehen:

Langsam Gehen

Wenn wir in unserem hektischen Alltag überhaupt noch eine Strecke zu Fuß zurücklegen, anstatt zu fahren, dann gehen wir meist schnell. Es gilt, keine Zeit zu verlieren, um von A nach B zu gelangen. Mit dieser Übung nehmen wir uns die Freiheit, bewusst langsam zu gehen. Das wird sich zunächst ungewohnt, vielleicht gar seltsam anfühlen und wir müssen uns konzentrieren, um nicht automatisch wieder schneller zu werden. Denn langsames Gehen haben wir uns regelrecht abtrainiert.

Nehmen Sie sich die Zeit, schlendern Sie bewusst eine Weile durch den Wald. Wenn Sie bereit sind, halbieren Sie die Geschwindigkeit. Spätestens jetzt wird Ihnen der Unterschied zu Ihrem Tempo im Alltag auffallen. Halten Sie durch, bewegen Sie sich langsam.

Halbieren Sie die Geschwindigkeit nach ein paar Minuten nochmals. Vielleicht bewegen Sie sich jetzt schon in Zeitlupe. Vielleicht brauchen Sie auch Ihre Arme, um im Gleichgewicht zu bleiben. In jedem Fall werden Sie sich auf jeden Schritt konzentrieren müssen und sind somit ganz im Hier und Jetzt angekommen.

Wenn Sie es schaffen, werden Sie noch langsamer. Für einen Außenstehenden würde es jetzt so aussehen, als würden Sie sich gar nicht mehr bewegen. Sie brauchen all Ihre Konzentration, um nicht schneller zu werden. Lassen Sie sich auf dieses Gefühl ein und genießen Sie die Entschleunigung.

Beenden Sie die Übung, indem Sie beide Füße hüftbreit nebeneinanderstellen, die Augen schließen und der Übung nachspüren.

Sinneswahrnehmung: Riechen

Unser Geruchssinn wird im Alltag oft vernachlässigt. Nutzen Sie Ihren Aufenthalt im Wald, um ihn bewusst zu aktivieren. Achten Sie dazu beim Gehen darauf, was Sie gerade riechen. Vielleicht wollen Sie einem bestimmten Duft auch folgen und herausfinden, woher er kommt. Suchen Sie sich verschiedene Gegenstände am Wegesrand aus und riechen Sie daran. Riechen Sie auch an Dingen, die man nicht gleich mit Geruch in Verbindung bringen würde, wie einen Baumstamm, einen Stein, Laub, Tannenzapfen … Oft verstärkt sich der Geruch, wenn man an Dingen reibt. Probieren Sie es aus. Die Geruchs-Lieblinge der Autoren sind übrigens junge Zapfen und Farnblätter.

Wald-Galerie

Die Natur war schon seit jeher der Ursprung jeglicher Kreativität. Kein Künstler, kein Museum kann mehr Formen, Farben und Objekte hervorbringen als Wald und Wiese. Halten Sie also auf Ihrem Gang durch den Wald die Augen offen. Mit etwas Fantasie und Kreativität erkennen Sie viele Naturkunstwerke: Bäume mit Gesichtern, Wurzel-Ornamente, farbenfrohe Arrangements … Selbst der Schatten von Blättern kann wie ein Scherenschnitt aussehen. Wenn Sie möchten, machen Sie ein Foto von Ihrem Lieblingskunstwerk, drucken Sie es aus und hängen Sie es zu Hause auf. Es wird Sie immer an Ihr Waldbad erinnern.

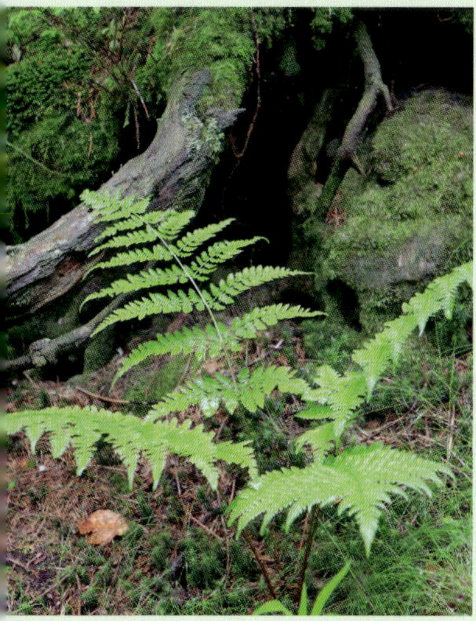

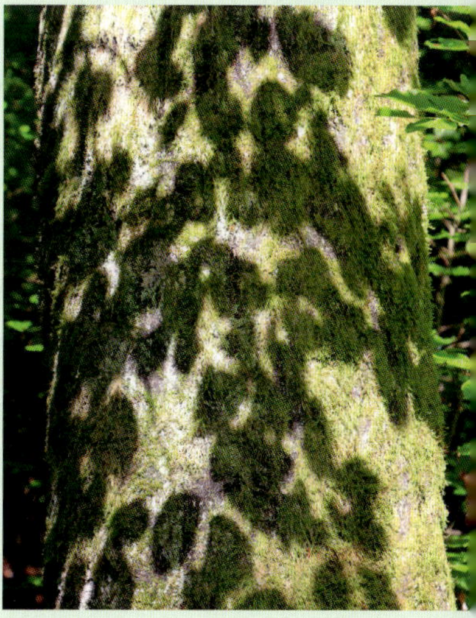

Barfuß gehen

Wann sind Sie das letzte Mal barfuß durch die Natur spaziert? Wir berauben uns einer fantastischen Sinneserfahrung, wenn wir unsere Füße immer in Schuhe einsperren. Es ist an der Zeit, das zu ändern! Ziehen Sie die Schuhe aus und gehen Sie barfuß. Vielleicht möchten Sie den Waldweg für diese Übung sogar verlassen und barfuß durch den Wald schlendern? Testen Sie verschiedene Untergründe wie Tannennadeln, Moos, Zapfen … Und sollte es geregnet haben: Barfuß durch den Matsch zu gehen, wird sicherlich die eine oder andere Kindheitserinnerung wachwerden lassen.

Sinneswahrnehmung: Fühlen

Suchen Sie am Wegesrand nach Waldgegenständen. Nehmen Sie sie in die Hand und konzentrieren Sie sich darauf, wie sie sich anfühlen: Ist der Gegenstand kalt oder warm? Weich oder hart? Nass oder trocken?

Achten Sie auf Details des Gegenstandes. Was macht ihn besonders? Würden Sie ihn anhand dieser Besonderheit von anderen Gegenständen unterscheiden können? Wenn sich ein Gegenstand besonders gut anfühlt, nehmen Sie ihn mit nach Hause. Dort können Sie ihn immer wieder in die Hand nehmen, die Augen schließen und gedanklich zu Ihrem Waldbad zurückkehren.

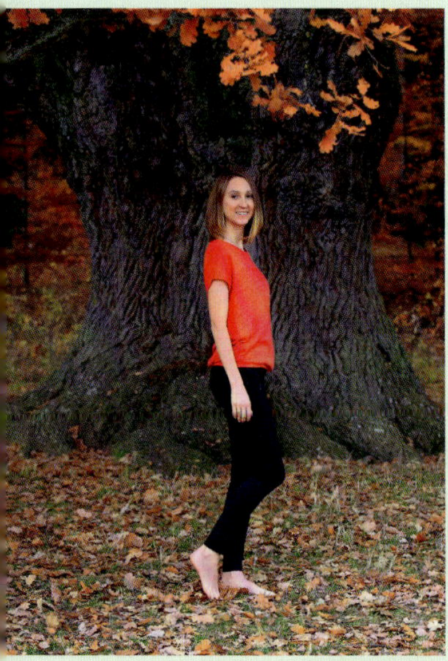

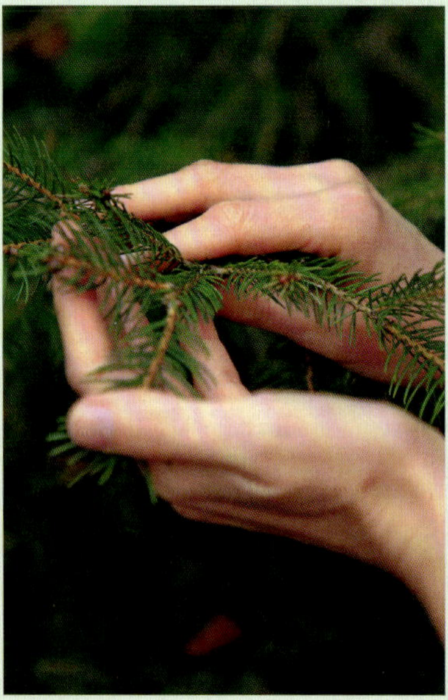

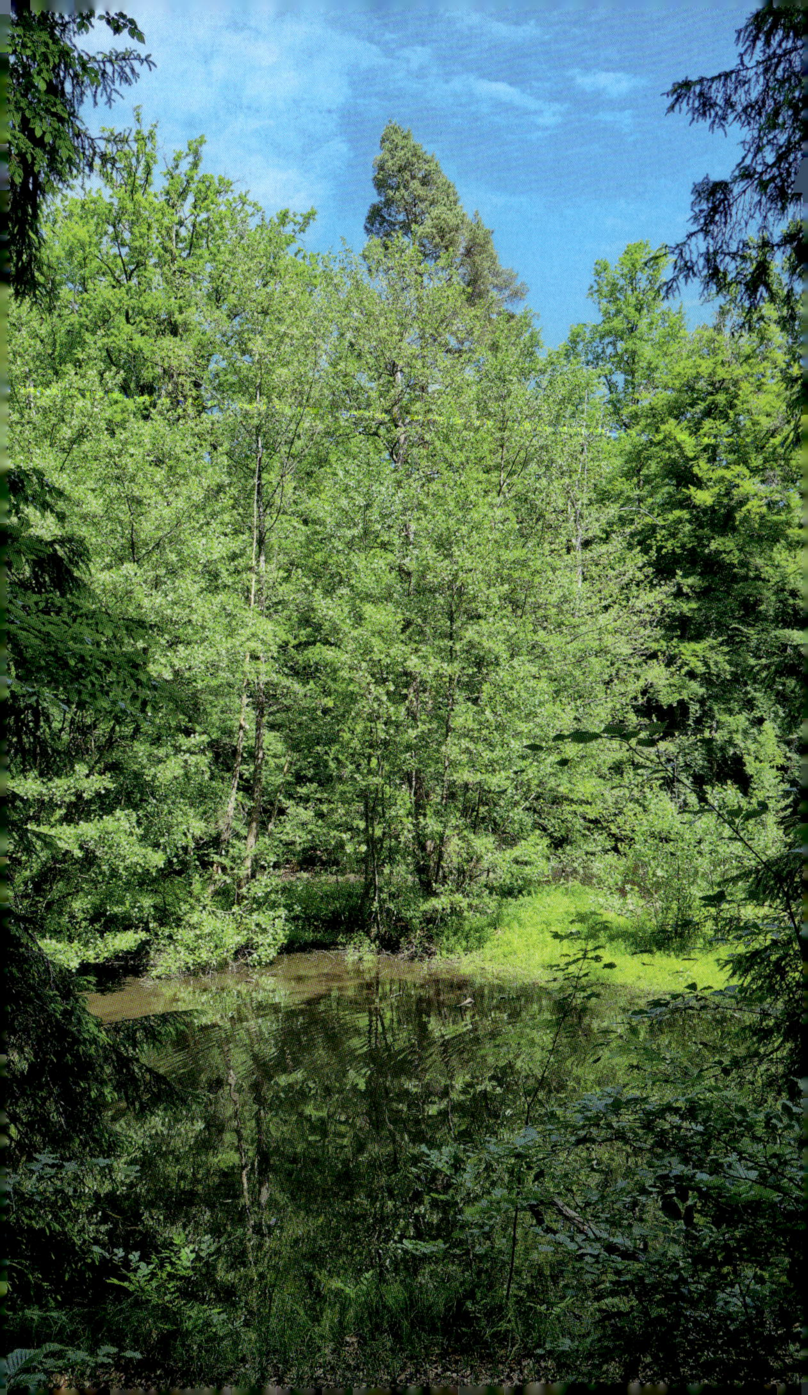

Genusspause

Nehmen Sie sich während Ihres Gangs durch den Wald die Zeit für eine Pause. Verweilen Sie unter den Bäumen, genießen Sie den Moment und nutzen Sie ihn für ein Waldbad.

Bewusst atmen

Die Luft im Wald ist reich an Terpenen, jenen Molekülen, die das Immunsystem stärken können. Nutzen Sie Ihre Genusspause und atmen Sie die gesunde Waldluft ganz bewusst und achtsam ein. Folgen Sie ihr gedanklich in Ihren Körper: Wie fühlt es sich an, wenn sie durch ihre Nase strömt, bis in Ihre Lungen? Mit jedem Atemzug nehmen Sie mehr Terpene auf. In Ihren Gedanken können Sie ihnen eine Farbe geben und sich vorstellen, wie Ihre Lunge und Ihr ganzer Körper von dieser Farbe ausgefüllt wird. Mehr und mehr, bis Sie ganz und gar von dieser Farbe erfüllt sind.

Sinneswahrnehmung: Hören

Suchen Sie sich einen ruhigen Platz im Wald. Sie können die Übung im Stehen, Sitzen oder Liegen ausführen, ganz so, wie es sich für Sie am besten anfühlt. Schließen Sie die Augen und konzentrieren Sie sich darauf, was Sie hören.

Nachdem Sie den Geräuschen des Waldes einige Minuten gelauscht haben, können Sie sich auf die verschiedenen Richtungen konzentrieren: Was höre ich links von mir? Was rechts? Versuchen Sie auch, nach hinten und nach oben zu hören. Dabei kann es helfen, die Hände als Hilfe zu nehmen und die Ohrmuscheln damit zu vergrößern.

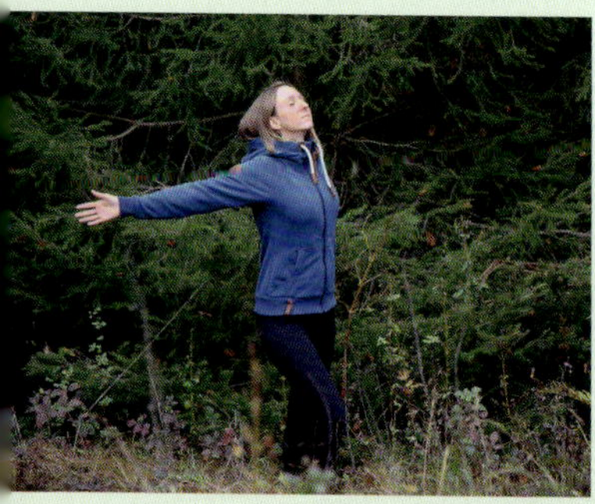

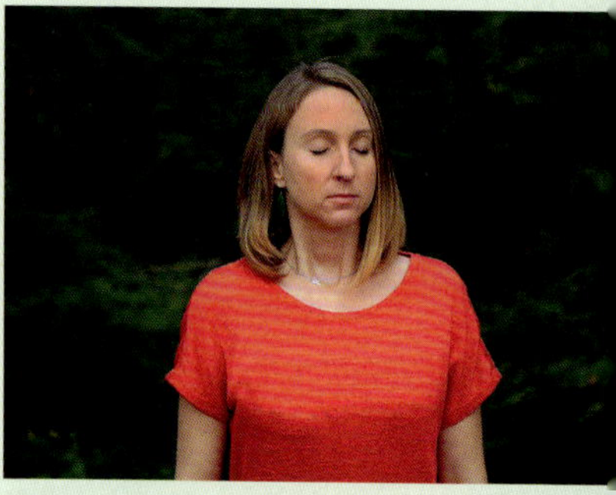

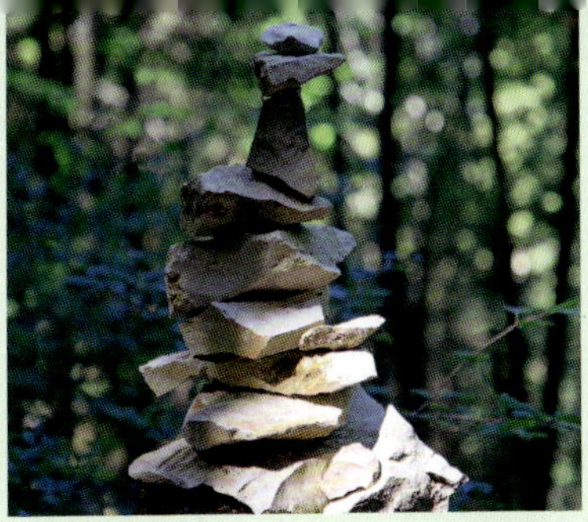

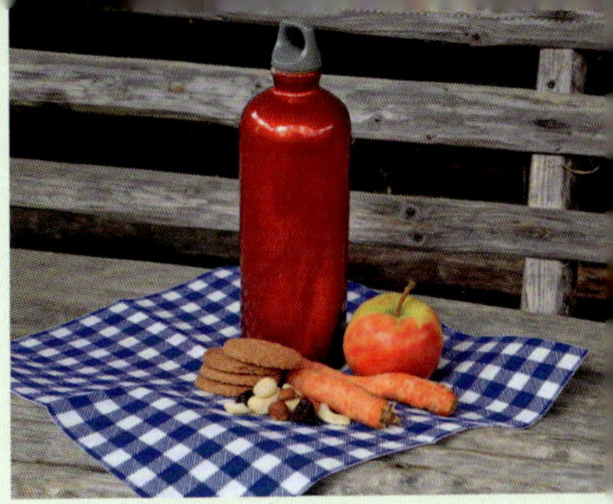

Vielleicht bewegen sich manche Geräusche auch, etwa das Rascheln des Windes in den Baumkronen über Ihrem Kopf oder der Gesang eines Vogels. Konzentrieren Sie sich auf solch ein Geräusch und folgen Sie ihm gedanklich.

Kreativ im Wald

Werden Sie kreativ! Die Natur ist der größte Künstler unserer Welt. Jede Millisekunde erschafft sie Neues, Einzigartiges. Was dabei entsteht, ist nie perfekt, aber es gibt keine Kunstkritiker, die darüber richten würden. Das macht die Natur zur besten Umgebung, um kreativ zu werden. Trauen Sie sich und erstellen Sie Ihr eigenes Naturkunstwerk! Alles ist möglich: Von einem Arrangement aus Moos und Blättern über ein Naturmandala bis hin zum Kunstobjekt aus langen Ästen. Ihrer Kreativität sind kaum Grenzen gesetzt. Nachdem Sie fertig sind, können Sie ein Foto von Ihrem Kunstwerk machen. Bei stetiger Wiederholung dieser Übung haben Sie bald Ihre eigene »Land Art«-Fotogalerie. Achten Sie darauf, keine Lebewesen zu beschädigen und insbesondere größere Installationen wieder abzubauen.

Sinneswahrnehmung: Schmecken

Eine Vesperpause eignet sich bestens für diese Sinneswahrnehmungsübung. Essen Sie Ihr Vesper mit Konzentration und Achtsamkeit. Schließen Sie dabei die Augen. Unser Sehsinn ist am stärksten ausgeprägt und überlagert oft unsere anderen Sinne. Wenn Sie die Augen schießen, fällt es leichter, sich auf das Schmecken zu konzentrieren.
Nehmen Sie erst einen kleinen Bissen und lassen Sie ihn auf Ihrer Zunge liegen. Schmecken Sie schon etwas? Beißen Sie einmal. Was schmecken Sie nun? Essen Sie ihr Vesper Biss für Biss ganz langsam und konzentriert.
Zu zweit oder in einer Gruppe können Sie diese Übung ausbauen, indem jeder das Vesper nicht für sich selbst, sondern für eine andere Person vorbereitet. Gegessen wird im besten Fall mit geschlossenen Augen. Insbesondere wenn unerwartete Nahrungsmittel mit dabei sind, wird die Übung zu einem spannenden Sinneserlebnis. Bitte klären Sie bei dieser Variante jedoch im Vorfeld unbedingt, ob die teilnehmenden Personen unter bestimmten Nahrungsmittelallergien leiden.

Yoga im Wald

Sie können eine Pause im Wald auch für eine Yogaübung nutzen. Der Sonnengruß ist ein Yoga-Klassiker, der sich in einer abgewandelten, vereinfachten Form wunderbar für ein Waldbad eignet.
Die Ausgangsposition ist aufrecht und gerade. Stellen Sie sich hüftbreit. Achten Sie bei dieser Übung auf eine ruhige, fließende Atmung. Atmen Sie aus, wenn Sie sich nach vorne und unten strecken, und ein, wenn Sie den Körper heben.

1 Führen Sie die gestreckten Hände über die Seite nach oben bis über Ihren Kopf. Die Schultern ziehen dabei nach unten. Stabilisieren Sie die Körpermitte, indem Sie die Bauchmuskeln anspannen, und fallen Sie nicht ins Hohlkreuz. Mit dem Blick folgen Sie Ihren Händen nach oben. Atmen Sie langsam und bewusst ein.

2 Bewegen Sie nun die Arme und den Oberkörper mit der Ausatmung nach vorne und unten. Gehen Sie dabei leicht in die Knie.

3 Führen Sie die Arme so weit nach unten, wie es sich für Sie gut anfühlt. Lassen Sie die Arme locker hängen. Vielleicht können Sie mit den Händen den Boden berühren, dazu können Sie auch die Knie beugen.

4 Heben Sie mit der nächsten Einatmung den Blick und lassen Sie den Oberkörper folgen, bis er sich im 90-Grad-Winkel zu Ihren Beinen befindet. Verweilen Sie einige Momente in dieser Position und blicken Sie geradeaus. Die Hände können Sie währenddessen auf den Oberschenkeln ablegen.

5 Lösen Sie die Hände wieder und beugen Sie sich mit der nächsten Ausatmung hinunter. Lassen Sie die Arme hängen oder berühren Sie mit den Händen den Boden.

6 Mit der nächsten Einatmung richten Sie sich auf. Beugen Sie dazu leicht die Knie und führen Sie die gestreckten Arme seitlich an Ihrem Körper vorbei nach oben, bis Sie Ihre Hände über dem Kopf falten können. Ihr Blick folgt den Händen und Ihre angespannten Bauchmuskeln geben Ihnen Stabilität. Genießen Sie die Streckung nach oben.

7 Nun führen Sie die gefalteten Hände mit der nächsten Ausatmung an Ihrem Gesicht vorbei vor Ihre Brust. Ihr Blick ist nach vorne gerichtet. Verweilen Sie in dieser Position so viele Atemzüge, wie es sich für Sie gut anfühlt, und spüren Sie der Übung nach.

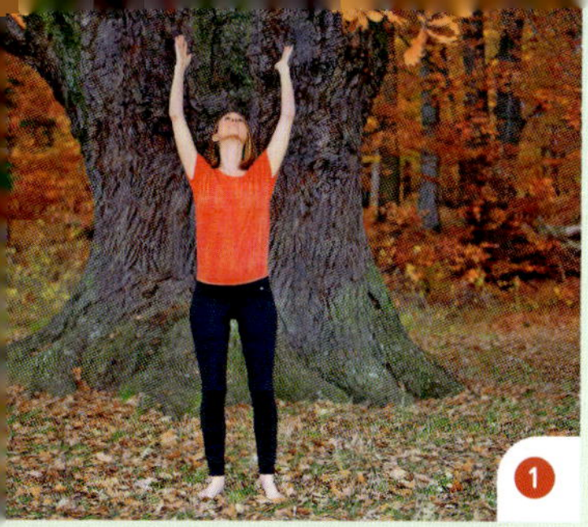
1

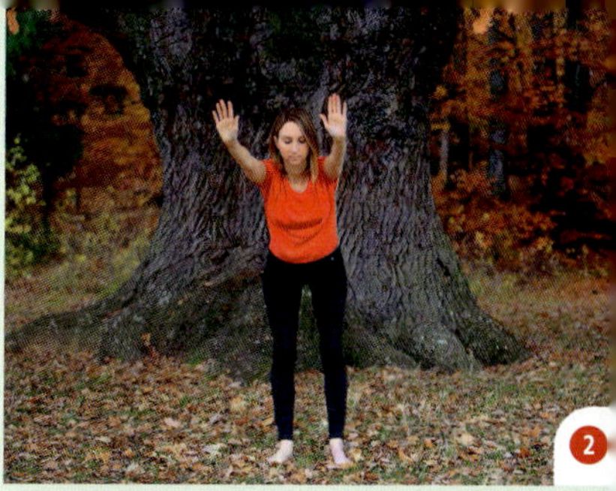
2

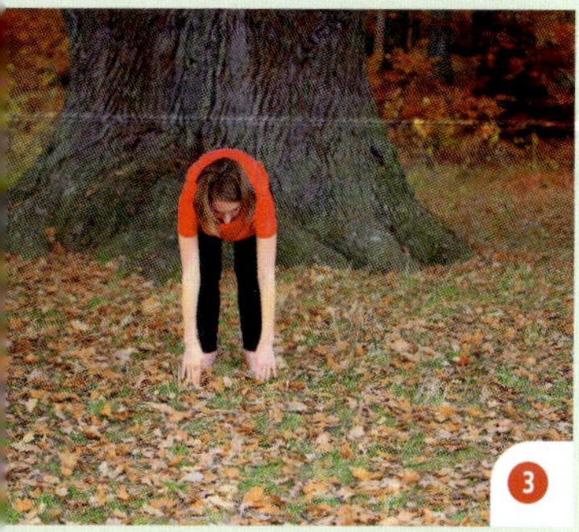
3

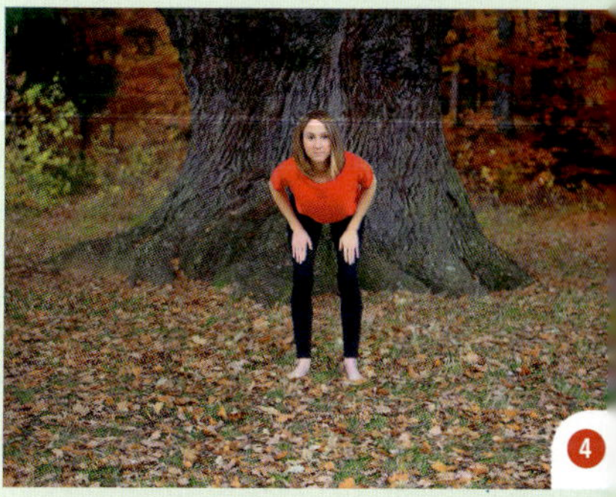
4

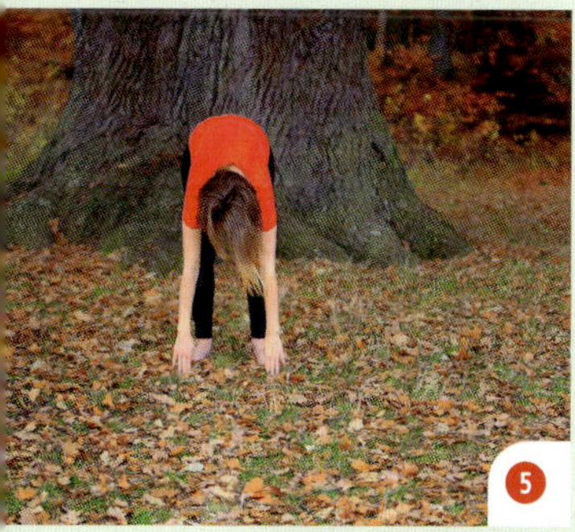
5

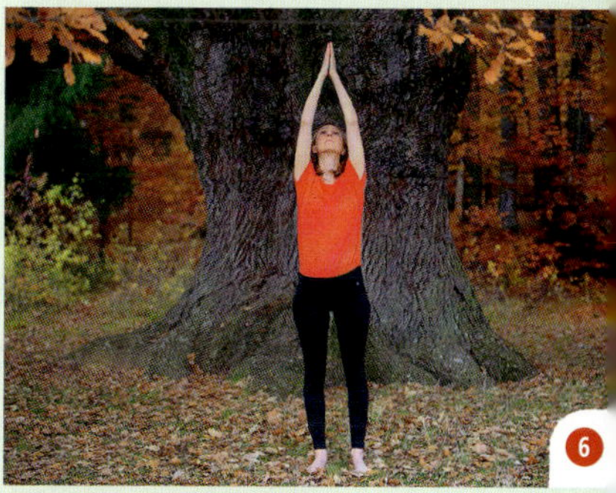
6

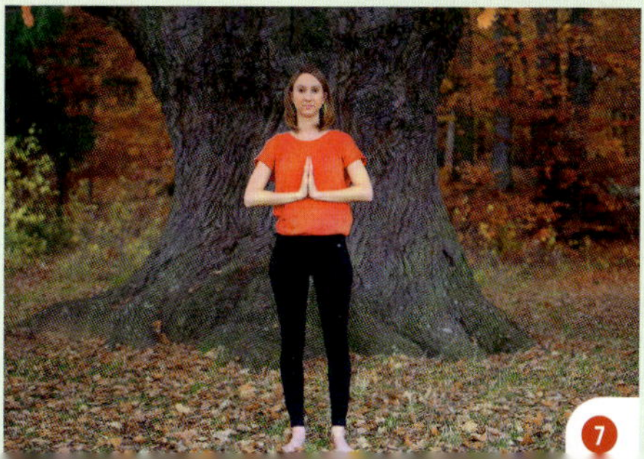
7

Achtsam und detailverliebt

Ein Gang durch den Wald eignet sich hervorragend dafür, sich in Achtsamkeit zu üben und ganz im Hier und Jetzt zu sein. Folgende Übungen können Ihnen dabei helfen, das Kopfkarussell abzuschalten und ganz und gar bei sich anzukommen.

Hoch hinaus

Meist blicken wir beim Gehen geradeaus. Führen Sie den Blick bei Ihrem Gang durch den Wald immer wieder ganz bewusst nach oben. Bleiben Sie dafür auf dem Weg stehen oder stellen Sie sich etwas abseits des Weges in den Wald. Was sehen Sie? Erkennen Sie die Baumarten um sich herum anhand der Blätter in den Baumkronen? Bewegen sich die Äste über Ihrem Kopf? Sollte die Sonne durch die Blätter fallen, genießen Sie dieses Naturschauspiel, das die verschiedensten Grüntöne hervorbringt. In Japan gibt es für Licht, das durch Blätter fällt, einen eigenen Begriff: Komorebi. Lassen Sie sich ganz bewusst auf das Schauspiel über Ihrem Kopf ein und versinken Sie in den Bewegungen, Geräuschen und Farben.

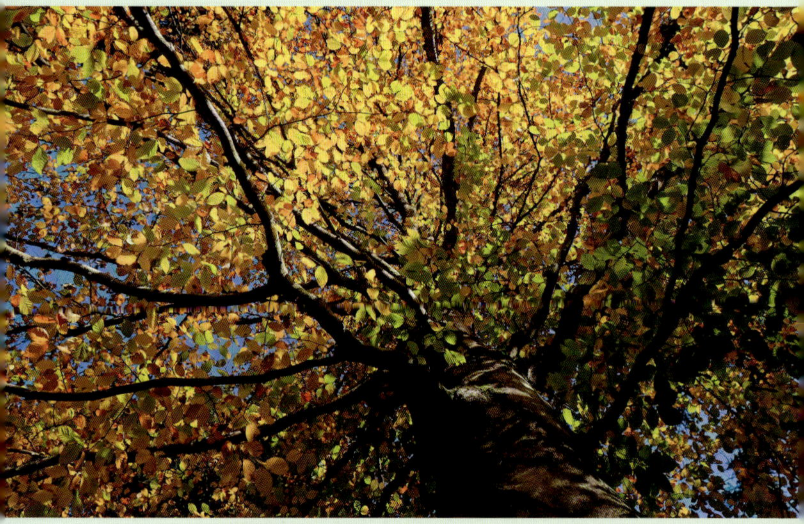

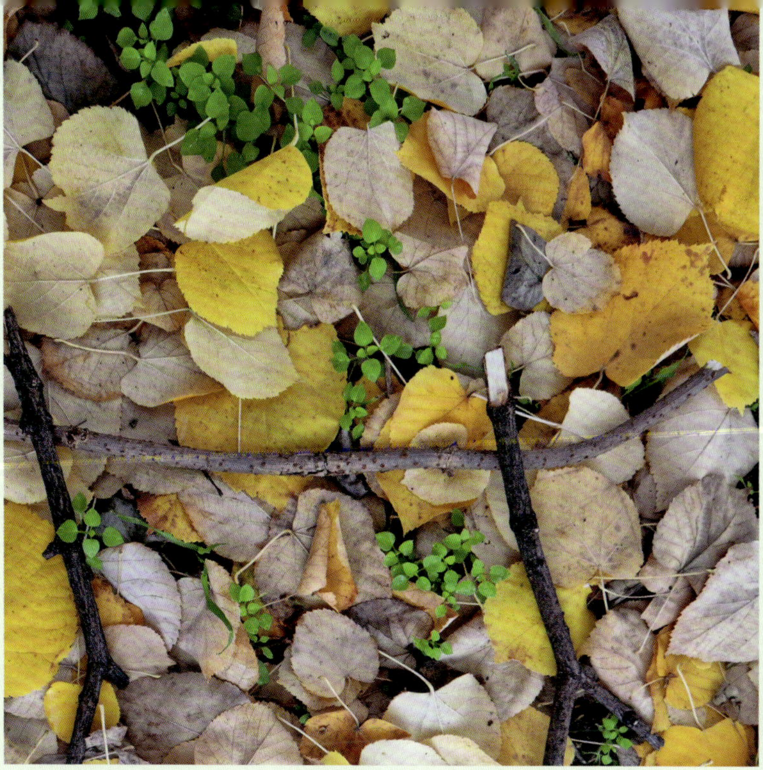

Tief hinunter

Gehen Sie ein paar Meter abseits des Weges in den Wald hinein. Suchen Sie sich vier Stöcke, die ungefähr die Länge Ihres Unterarms haben. Knien Sie sich hin und legen Sie die Stöcke zu einem Viereck. Sie sind nun der Rahmen des Kunstwerks zu Ihren Füßen. Sehen Sie sich dieses Stück Natur ganz genau an. Sie werden darin mehr Details finden als in jedem Gemälde. Versuchen Sie sich die Details, deren Farbe, Form und Anordnung genau einzuprägen. Schließen Sie dann die Augen. Können Sie das Stück Waldboden in Gedanken wieder zusammensetzen? Öffnen Sie die Augen und vergleichen Sie, an was Sie sich erinnern konnten und welche Details Sie vergessen haben. Schließen Sie erneut die Augen und wiederholen Sie die Achtsamkeitsübung. Wechseln Sie auch den Standort und die Perspektive vor dem Rahmen, gehen Sie um ihn herum und näher heran. Vielleicht möchten Sie sich auch auf den Boden legen? Diese Perspektive nehmen wir in unserem Alltag selten ein, dabei ist sie wunderbar dafür geeignet, die kleinsten Details zu entdecken.

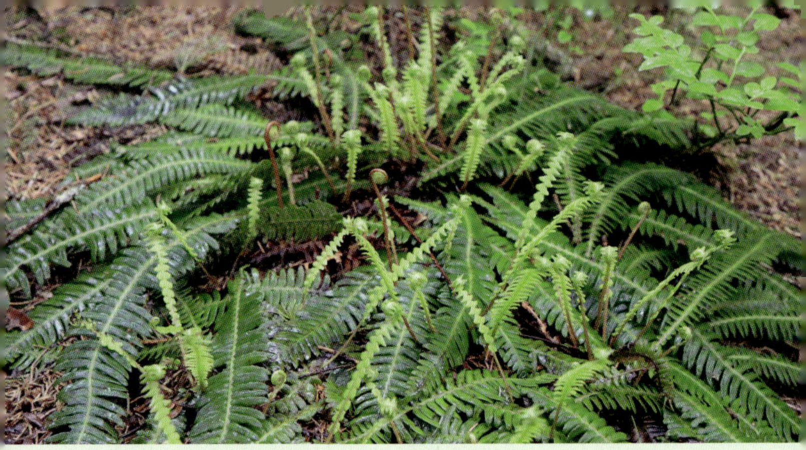

Grün, grüner, am grünsten

Halten Sie bei Ihrem Gang durch den Wald die Augen nach verschiedenen Grüntönen offen. Wenn Sie bewegliche grüne Naturgegenstände finden, die Sie mitnehmen können, ohne ein Lebewesen dabei zu verletzen, dann sammeln Sie diese ein und legen Sie sie nebeneinander, von Hellgrün nach Dunkelgrün.

Von winzigklein bis riesengroß

Suchen Sie nach dem kleinsten Gegenstand, der Ihnen während Ihres Spaziergangs durch den Wald begegnet, und nach dem größten. Sie können sich dabei auch auf eine Gegenstandsart beschränken, beispielsweise den größten Fichtenzapfen und den kleinsten, den größten Baum und den kleinsten …

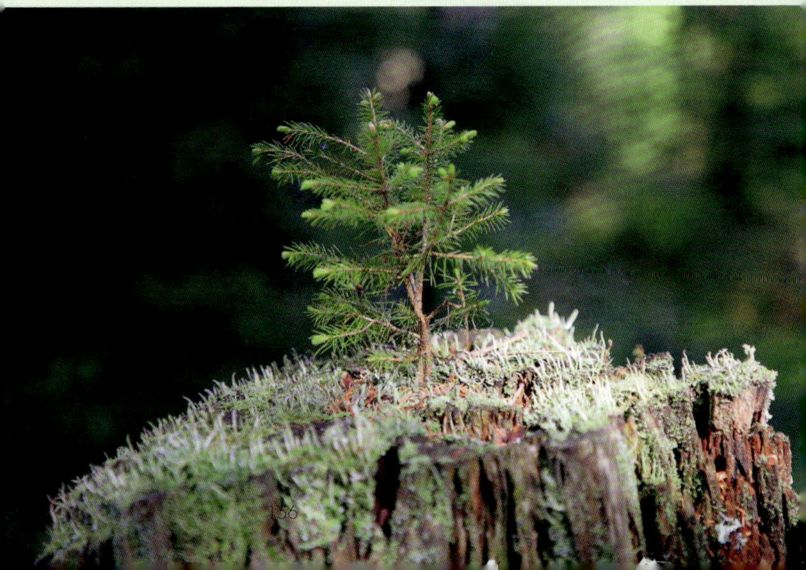

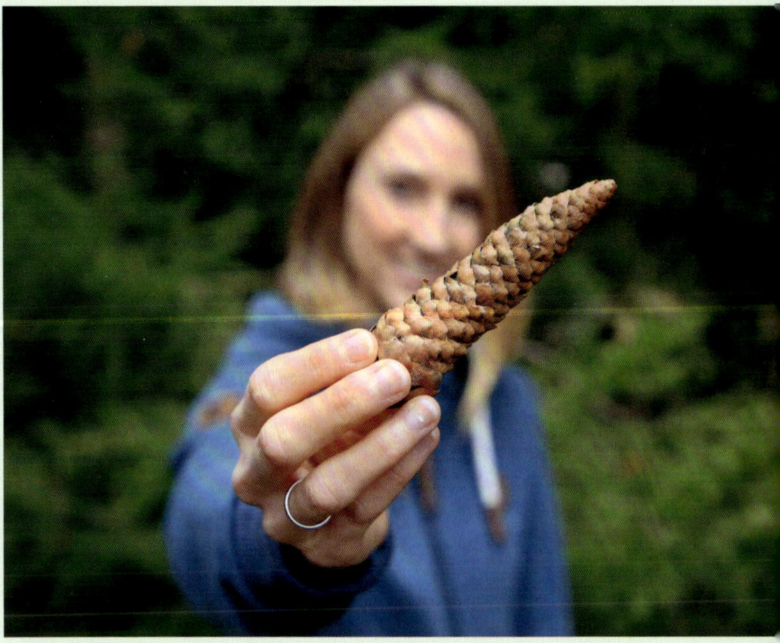

Waldsouvenir

Halten Sie die Augen nach einem ganz besonderen Waldgegenstand offen. Das kann alles sein: ein außergewöhnlich geformter Ast. Ein besonders bunt verfärbtes Blatt. Eine kleine Versteinerung ... Was auch immer Sie auf dem heutigen Gang durch den Wald besonders anspricht oder berührt, wird zu Ihrem Waldsouvenir. Wenn es beweglich und nicht geschützt ist, können Sie es mitnehmen und ihm einen Ehrenplatz in Ihrem Zuhause zukommen lassen. Wenn Sie es nicht mitnehmen können, dann machen Sie ein Foto davon, drucken Sie es zu Hause aus und hängen Sie das Bild auf. Vielleicht möchten Sie auf dem Nachhauseweg überlegen, warum Sie gerade dieses Fundstück so stark berührt hat. Hat seine Form, Farbe oder Beschaffenheit eine besondere Bedeutung für Sie? Spricht es Sie wegen seiner Ästhetik besonders an? Weckt es glückliche Erinnerungen? In Gedanken können Sie sich bei dem Gegenstand dafür bedanken, dass er den Weg zu Ihnen gefunden und Ihr Leben dadurch bereichert hat.

Register

Ebenfalls erhältlich ...

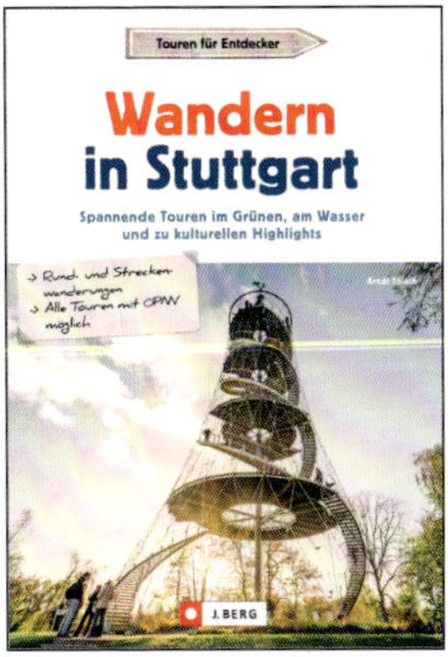

ISBN 978-3-86246-832-4

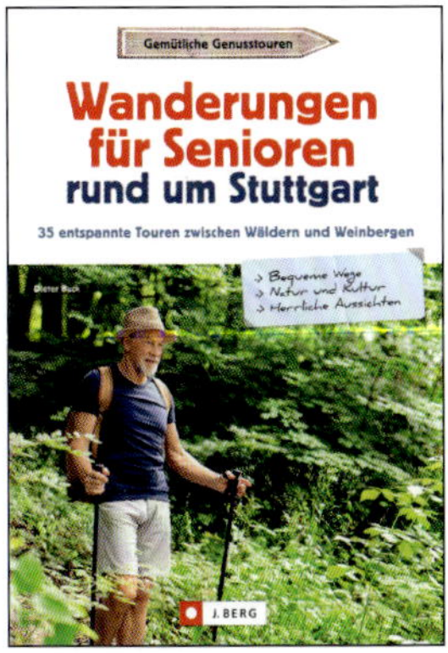

ISBN 978-3-86246-757-0

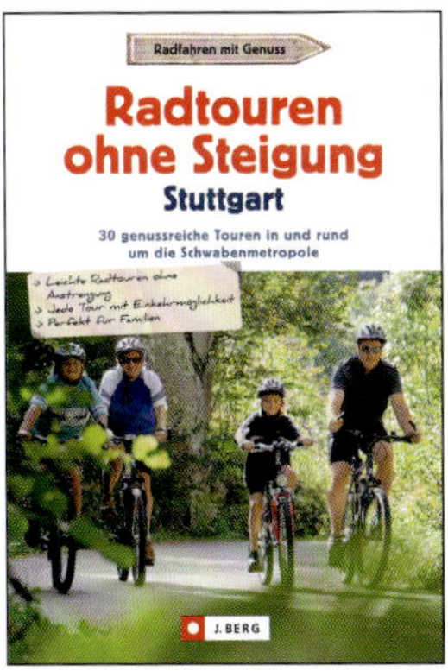

ISBN 978-3-86246-565-1

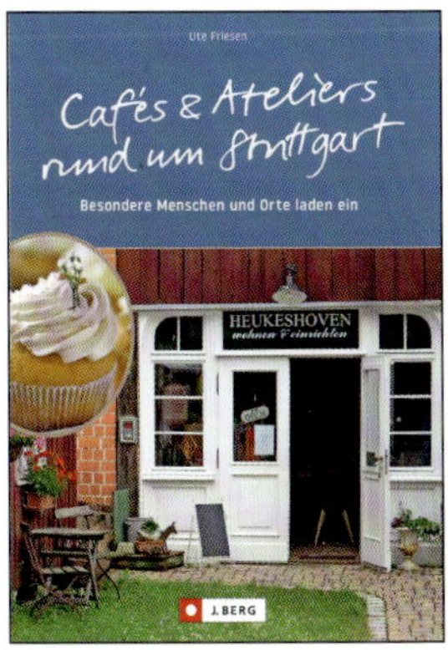

ISBN 978-3-86246-773-0

J. BERG

www.j-berg-verlag.de

Impressum

Verantwortlich: Sabine Klingan
Lektorat und Satz: Verlagsbüro Wais & Partner, Stuttgart
Repro: LUDWIG:media
Kartografie: Bruckmann Verlag GmbH, Heidi Schmalfuß
Herstellung: Bettina Schippel
Printed in Turkey by Elma Basim

★★★★★

Sind Sie mit diesem Titel zufrieden? Dann würden wir uns über Ihre Weiterempfehlung freuen. Erzählen Sie es im Freundeskreis, berichten Sie Ihrem Buchhändler, oder bewerten Sie bei Onlinekauf. Und wenn Sie Kritik, Korrekturen, Aktualisierungen haben, freuen wir uns über Ihre Nachricht an j. BergVerlag, Postfach 40 02 09, D-80702 München oder per E-Mail an lektorat@verlagshaus.de.

Unser komplettes Programm finden Sie unter www.j-berg-verlag.de

Empfehlung der Redaktion
Sie sind auf der Suche nach weiterführender Literatur? Dann empfehlen wir Ihnen den Titel »Wanderungen für Senioren rund um Stuttgart« von Dieter Buck. Oder Sie werfen einen Blick in die Zeitschrift »Schöner Südwesten«. Hier werden Sie bestimmt fündig.

Bildnachweis: Alle Bilder im Innenteil und auf den Umschlagseiten stammen vom Autor Dieter Buck mit folgenden Ausnahmen: Autorenfoto (© Melanie Buck), Wassiliki Babel/AOK (S. 18).
Umschlagvorderseite: © lookphotos / PhotoAlto
Umschlagrückseite: Blick auf den Neckar (Tour 3)

Die Deutsche Nationalbibliothek verzeichnet diese Publikation in der Deutschen Nationalbibliografie; detaillierte bibliografische Daten sind im Internet über http://dnb.d-nb.de abrufbar.

Infanteriestraße 11a
80797 München

ISBN 978-3-86246-993-2